Universität Hamburg
DER FORSCHUNG | DER LEHRE | DER BILDUNG

netzwerk
recherche

nr-Werkstatt:
Getrennte Welten?
Journalismus und PR in Deutschland (2011)

Herausgeber: netzwerk recherche e.V.
Mitherausgeber: Thomas Schnedler

Vorworte

PR auf allen Kanälen

Unter der Lupe: Journalismus und PR in Deutschland

medienkodex

PRÄAMBEL

Neue Technologien und zunehmender ökonomischer Druck gefährden den Journalismus. Um seine Qualität und Unabhängigkeit zu sichern, setzt sich das netzwerk recherche für dieses Leitbild ein.

1. **Journalisten* berichten unabhängig, sorgfältig, umfassend und wahrhaftig. Sie achten die Menschenwürde und Persönlichkeitsrechte.**
2. **Journalisten recherchieren, gewichten und veröffentlichen nach dem Grundsatz „Sicherheit vor Schnelligkeit".**
3. **Journalisten garantieren uneingeschränkten Informantenschutz als Voraussetzung für eine seriöse Berichterstattung.**
4. **Journalisten garantieren handwerklich saubere und ausführliche Recherche aller zur Verfügung stehenden Quellen.**
5. **Journalisten machen keine PR.**
6. **Journalisten verzichten auf jegliche Vorteilsnahme und Vergünstigung.**
7. **Journalisten unterscheiden erkennbar zwischen Fakten und Meinungen.**
8. **Journalisten verpflichten sich zur sorgfältigen Kontrolle ihrer Arbeit und, wenn nötig, umgehend zur Korrektur.**
9. **Journalisten ermöglichen und nutzen Fortbildung zur Qualitätsverbesserung ihrer Arbeit.**
10. **Journalisten erwarten bei der Umsetzung dieses Leitbildes die Unterstützung der in den Medienunternehmen Verantwortlichen. Wichtige Funktionen haben dabei Redaktions- und Beschwerdeausschüsse sowie Ombudsstellen und eine kritische Medienberichterstattung.**

*** Es sind stets beide Geschlechter gemeint.**

www.netzwerkrecherche.de
info@netzwerkrecherche.de

nr
netzwerk recherche

Die Ampel leuchtet rot – Warum PR und Journalismus Welten trennen

Prof. Dr. Thomas Leif

Im Onlineshop der Journalistenvereinigung „Freischreiber" gibt es ein ganz besonderes Angebot: die „Ethik-Ampel für freie Journalisten"* zum reduzierten Preis von 21,99 Euro . Das „20 Zentimeter hohe Kunstwerk" – so Entwicklungschef und Ethikbeauftragter Jakob J.E. Vicari – „zeigt zuverlässig an, in welcher Funktion ein Journalist oder eine Journalistin gerade arbeitet." Steht die Ampel auf Rot „wird an ordinären Werbe-Texten herumgeschrieben, steht sie auf Gelb, handelt es sich um das feinere Corporate Publishing. Und bei Grün ist der freie Journalist ganz in seinem Element." Freischreiber-Vorsitzender Kai Schächtele will zwar nicht den „hohen Ansprüchen der Puristen gerecht werden," sieht die „Ethik-Ampel" aber als „Verhöhnung einer Debatte, die ich für eine der wichtigsten unserer Zeit in unserer Branche halte." Sein Vorstandskollege Felix Zimmermann kontert: „PR ist nicht per se unmoralisch, sondern angesichts lächerlicher Honorare, die es für einen reinen Journalismus gibt, mitunter unausweichlich. Deshalb erlaubt Freischreiber seinen Mitgliedern PR – unter der Voraussetzung, dass sie journalistische Arbeit und PR sauber voneinander trennen." Wie diese Trennung in der Praxis aussehen soll? Dazu gibt es in den sehr instruktiven Blog-Einträgen auf www.freischreiber.de keine sauber begründeten Beiträge. Gemma Pörzgen bilanziert: „Ich war beim Zukunftskongress entsetzt über die laxe Haltung vieler Freischreiber beim Thema PR und sehe dringenden Diskussionsbedarf."

In diesem Punkt besteht Übereinstimmung. Der vor fast sechs Jahren von netzwerk recherche formulierte Leitsatz: „Journalisten machen keine PR" soll zunächst den Diskurs über die Reichweite von PR sowie deren Risiken und Nebenwirkungen für die journalistische Glaubwürdigkeit und Qualität befördern. Die Debatte konzentriert sich hier keineswegs nur auf die Gruppe der freien Journalisten. Dies wäre absurd. Darauf weist auch Wolfgang Michal in einem sehr wichtigen Debatten-Beitrag im Freischreiber-Blog hin. Die Diskussion über Infiltration von PR in allen Medien müsse zunächst *in* den Redaktionen und Verlagen geführt werden. Hier gebe es zahlreiche systemische Grenzüberschreitungen. Michal erinnert an den jahrelangen Einsatz der Stuttgarter Zeitung pro „Stuttgart 21", an die Kopplung einer Beilagen-Armada mit pseudo-redaktionellem Auftritt selbst in Qualitätszeitungen und an Fachzeitschriften, die nur für den PR- und Werbemarkt produziert werden. Sein Fazit: „Wir müssten eigentlich über die Felder reden, wo Journalismus drauf steht, aber PR drin ist." Hier besteht wieder Konsens. Netzwerk recherche möchte das gesamte Themenspektrum zur Diskussion stellen und hat deshalb auch andere Journalisten-Organisationen sowie Kritiker zur Konferenz „PR und Journalismus“ eingeladen.

Bezahlte Botschaften sind für Mediennutzer nicht identifizierbar und zersetzen die Glaubwürdigkeit

In dieser nr-Werkstatt werden die wesentlichen Argumente und Debattenbeiträge von sogenannten „Puristen“ und sogenannten „Naiven“ dokumentiert. Die Herausforderungen durch eine zunehmend florierende PR-Industrie für zunehmend schlechter honorierte (freie) Journalisten werden ausgeleuchtet und mit vielen Beispielen unterlegt. Weil professionelle PR-Spezialisten mit ihrer gekauften Kommunikation einen unabhängigen Journalismus bedrohen, halten wir einen vertieften Austausch von Argumenten – nicht von Vorwürfen – für sinnvoll. PR greift auf leisen Sohlen das Herz-Kreislauf-System des Journalismus an, weil die bezahlten Botschaften ja explizit *nicht* mit dem korrekten Absender versehen, sondern als ‚normaler' Journalismus getarnt sind. Unsere einfache Position, die im Grundsatz auch im Pressekodex verankert ist: Wo PR drin ist, muss auch PR draufstehen.

Pressesprecher als „Partner“ von Journalisten?

Ähnliche Grauzonen zwischen PR und Journalismus prägen auch die Arbeit von „Journalisten in der Presse- und Öffentlichkeitsarbeit.“ Für diese besondere Berufsgruppe hat der Deutsche Journalistenverband (DJV) Leitlinien formuliert (veröffentlicht am 8.11.2009). Die Pressesprecher versprechen hier die Information „nach den Grundsätzen der Offenheit, Transparenz und Nachprüfbarkeit.“ Journalisten, die sich mit Behördenkonflikten, Störfällen jeder Art, Ämterpatronage oder Günstlingswirtschaft beschäftigt haben, staunen über die dreiste Ausblendung des üblichen Pressestellen-Modus nach dem Muster Tarnen-Tricksen-Täuschen. Pressesprecher, PR-Leute, Kommunikations-Agenten. Seit an Seit mit Journalisten in einem „Berufsverband“? Im Alltag verfolgen Journalisten und die in der Regel in die Marketing-Abteilung integrierten Pressesprecher entgegengesetzte Aufgaben und Rollen. Diesen Unterschied sollte man nicht verkleistern, sondern sauber dokumentieren. Auch über dieses Themenfeld muss diskutiert werden. Die Autoren der sogenannten Leitlinien sollten nur einmal zu einem Konfliktthema – etwa zur Genpolitik – beim Weltkonzern „Monsanto“ anfragen. Dann wäre auch ihnen klar, dass Journalisten und Pressesprecher nicht in einem Boot sitzen.

Zunahme von Negative Campaigning

In der Branche wird behauptet: es gibt weiße PR und schwarze PR. Schwarze PR ist schmutzig, tritt meist ohne erkennbaren Absender auf und dient im wesentlichen dazu, die Reputation von Personen oder Organisationen zu vernichten. Echte PR-Profis mit Tagessätzen von 5000 Euro und mehr sowie Unternehmensberater und Chefredakteure vornehmer Wirtschaftsmagazine berichten von „anonymer“ Informations-Infiltration. Als Ausweis höchster Professionalität gilt es, wenn Karrieren zerstört, aber keine Spuren hinterlassen werden. Eine Umfrage unter PR-Profis ergab jüngst, dass für 35 Prozent Negative Campaigning dann in Ordnung ist, „wenn es transparent betrieben und sich an die Fakten gehalten wird.“ Sieben Prozent der Befragten sehen in der Rufzerstörung ein „gängiges Kommunikationstool“ und haben keine Bedenken, die entsprechenden Methoden einzusetzen. Auch die Grauzonen in diesem Feld illustrieren, dass PR- und Journalismus sich wie der Teufel zum Weihwasser verhalten. PR ist Auftragskommunikation mit allen Mitteln, vorsätzlicher Auslassung von Fakten und mit vorgegebenen Zielen oder Werbebotschaften für Imagebildung und Produkt-Profilierung. Journalismus ist Realitätsvermittlung aus unterschiedlichen Blickwinkeln mit überprüften Quellen und ergebnisoffenem Ausgang nach Prüfung der Fakten. Diese Unterschiede sind allen bekannt.

Die vorliegende nr-Werkstatt soll dazu beitragen, die skizzierten Dunkelfelder der PR-Industrie tabulos auszuleuchten und ihren gezielten Einfluss auf den Journalismus nüchtern zu taxieren. Festhalten kann man aber schon heute: vier Worte haben in den vergangenen Jahren wertvolle und produktive Diskussionen angestossen. Vier Worte werden diese Animationsfunktion wohl auch noch in den kommenden Jahren erfüllen: Journalisten machen keine PR.

*Ethik-Ampel für freie Journalisten

PR und Journalismus – zwischen Kooperation und Konfrontation

Prof. Dr. Volker Lilienthal

Werfen wir einen Blick weit zurück in die Pressegeschichte der damals noch jungen Bundesrepublik. Die Szene spielt am 14. April 1953 in Düsseldorf, im noblen „Rhein-Ruhr-Klub". Es tritt auf: der damals erst 29 Jahre alte Rudolf Augstein.

Und was er da vor Industriebossen und Bankdirektoren über die Frühzeit des SPIEGEL sagte, war dies: „Wir wollten keinen Phrasen und keiner Heuchelei nachjagen, wir wollten Dinge beim Namen nennen, wir wollten jeder Katze die Schelle umhängen. Wir waren frech, ganz sicherlich zu frech. Aber das Land lechzte nach einem Funken Selbstachtung und Selbstvertrauen. (...) Auch heute glauben wir noch, dass echter Journalismus nur da gedeiht, wo der Redakteur bereit ist, seinen Hut zu nehmen, wenn ihm die Unfreiheit der Meinung zugemutet wird."

Augstein formulierte damit das Ethos des Journalismus, aber auch produktive Stichwörter für eine heute umso mehr aktuelle und notwendige PR-Kritik. In seiner Düsseldorfer Rede fuhr er fort: „Ich bin der Überzeugung, dass viele faule Eier in Deutschland nicht ausgebrütet worden sind, weil es Zeitungen wie den SPIEGEL gibt. Manche ketzerische Idee, manches Tabu wäre nicht zur Diskussion gekommen ohne solche Zeitungen. Manche Medaille wäre nicht von ihrer Kehrseite gezeigt worden, manche Illusion wäre nicht geplatzt. Das ist eine echte demokratische Funktion, wenn Demokratie überhaupt noch einen lebendigen Sinn haben soll."

Ganz im Sinne Augsteins hat es Journalismus heute mit manchen Tendenzen zur Unfreiheit und eben auch mit einer starken Illusionsindustrie voller „Phrasen" und „Heuchelei" zu tun. Man muss nicht die Public Relations in toto als Illusionsindustrie abwerten – Anteile daran und schädliche Neigungen hin zur Illusion, zur Täuschung der Öffentlichkeit aber hat sie, in den vergangenen zehn Jahren leider zunehmend. Natürlich gibt es auch lautere PR, kundige Pressesprecher, ohne die Journalisten nicht oder nur mühsamer arbeiten könnten. Das Gewerbe der PR verfügt sogar über nachvollziehbare Kodizes für Verhalten und Wohlverhalten. Nur leider: Sehr viele, die dieses Geschäft der Auftragskommunikation für partikulare Interessen besorgen, kennen die Ethik-Codes gar nicht, wie Branchenumfragen belegen.

Die zahlreichen, teils aggressiven Grenzüberschreitungen hin zur Manipulation von Journalisten, zur Infiltrierung redaktioneller Inhalte, die es in den vergangenen Jahren unbestreitbar – weil durch journalistische Recherche dokumentiert – gegeben hat, waren für die Rudolf-Augstein-Stiftungsprofessur und unseren Partner netzwerk recherche e.V. der Anlass, diese Prozesse auf der in diesem

Werkstatt-Heft dokumentierten Tagung zu thematisieren, kritisch aber auch nach der Mitverantwortung des Journalismus zu fragen: Wo ist er zu durchlässig für PR-Botschaften geworden – und warum? Wie korrigieren wir diese Fehlentwicklung?

Wir stellen diese und andere Fragen ganz im Sinne von Rudolf Augstein, über dessen SPIEGEL Martin Walser 1987 in seiner Lobrede zur Verleihung der Ehrendoktorwürde der Bergischen Universität Wuppertal an Augstein sagte: „Eines ist sicher: Der SPIEGEL hat sich nicht benutzen lassen, öffentliche Meinung in public relations zu fälschen."

Als spät berufener Professor, aber gelernter Journalist, als der ich mich noch immer fühle, bekenne ich mich natürlich zu der von Netzwerk Recherche bekräftigten Norm „Journalisten machen keine PR". Auch wenn das gilt, bedanke ich mich rückblickend gerne nochmals bei unseren Sponsoren, die die Begegnung von Journalisten, PR-Fachleuten und Wissenschaftlern unter dem Dach der Universität Hamburg mit möglich gemacht haben: bei der Medienstiftung Hamburg/Schleswig-Holstein, der Otto-Brenner-Stiftung, der Rudolf-Augstein-Stiftung, der Freien und Hansestadt Hamburg und der Universität Hamburg selbst.

Danken möchte ich auch unseren zahlreichen Referenten und Diskutanten, die zwei Tage Anfang Februar 2011 opferten, um uns alle an ihren Einsichten und Ansichten teilhaben zu lassen – und das Ganze honorarfrei.

Eine solche Veranstaltung wäre nicht möglich gewesen ohne viele helfende Hände. Studierende unseres Masterprogramms „Journalistik und Kommunikationswissenschaft" engagierten sich als Tagungshelfer. Namentlich nennen möchte ich meine Mitarbeiter am Lehrstuhl, Corinna Ohlmeier, Dennis Reineck und Thomas Schnedler sowie als Projektmitarbeiterin Swenja Kopp, ohne deren wohlorganisierte Vorbereitung die Tagung nicht gelungen wäre. Auch Günter Bartsch aus der Geschäftsstelle von netzwerk recherche e.V. ist hier dankend zu erwähnen.

„Bitte erwähnen Sie in Ihrer Besprechung die im S. Fischer Verlag erschienene Buchausgabe ..." Nicht jede PR agiert so plump wie dieser Waschzettel zu dem Hörbuch „Dein Herz" von Dietrich Gronemeyer. Ob es Journalisten gibt, die dem Werbeappell Folge leisten? Es ist zu fürchten.

Auf den folgenden Seiten jedenfalls geht es weniger um unverschämte Ansagen wie diese, sondern mehr um die modernen, raffinierteren Spielarten der PR – um diejenigen, die intelligent sind und deshalb umso gefährlicher für unabhängigen Journalismus, um diejenigen auch, die verdeckt agieren und deshalb der Enthüllung bedürfen. Solche PR ist immer auch eine Herausforderung für investigativen Journalismus.

Dokumentationen

Die Dokumentationen

nr-Werkstatt:
Online-Journalismus

und

nr-Werkstatt:
Presserecht

können kostenfrei gegen einen adressierten und ausreichend frankierten Rückumschlag (DIN C5, 1.50 Euro) beim netzwerk recherche bezogen werden.

www.netzwerkrecherche.de
info@netzwerkrecherche.de

nr
netzwerk recherche

PR auf allen Kanälen

Radiosender? Werbesender! Wie PR oft ungefiltert ins Radio kommt

Sandra Müller

Radio unterhält. Radio berichtet. Radio informiert. Und manchmal tut es nur so. Denn viele Sender verkaufen als Journalismus, was in Wahrheit PR ist: Fertig produzierte Beiträge und Interviews zum Beispiel. Bezahlt von Unternehmen. Geliefert von Audio-Agenturen. Und für den Hörer kaum als gekaufte Info erkennbar. Ihm werden die Beiträge oft wie redaktionelle Inhalte präsentiert. Und zwar so häufig, dass Prof. Dr. Helmut Volpers, der die bislang einzige umfassende Studie zu diesem Thema vorgelegt hat, für den Hörfunk von einem „Infiltrationsprozess der Public Relations in den Kernbestand journalistischer Kommunikationsinhalte"[1] spricht.

Ein dramatisches Ergebnis, das erstaunlicherweise kaum Wellen schlug. Stattdessen halten viele Radiomacher die PR-Beiträge für eine gute Möglichkeit, billig Programm zu machen. Denn die Beiträge werden meist kostenlos angeboten und klingen oft besser und professioneller als das, was kleine Sender selbst zuwege bringen. Sie sind aufwändig produziert – meist mit ausgebildeten Sprechern – und werden per Internet oder CD frei Haus geliefert. Moderationsvorschläge und Verpackungselemente inklusive. Nicht selten sind die Themen auch noch abgestimmt auf aktuelle Ereignisse. Ideal also, um sie bequem ins laufende Programm einzubinden und kostenfrei Sendeplätze zu füllen.

AUDI als Öko-Pionier zur Primetime im Radio

Radio 21, ein niedersächsischer Privatsender, „berichtet" im November 2007 dank Audioetage.de, einer Berliner Radioagentur, über die Motor Show in Los Angeles.[2] Zur besten Sendezeit, morgens um halb acht, kündigen die beiden Frühmoderatoren einen Beitrag an über die „sparsamen und sauberen Diesel-Modelle", die „deutsche Autobauer" gerade in Los Angeles präsentieren. Dann folgt ein Beitrag, in dem ausschließlich von einer neuen Öko-Erfindung bei AUDI

[1] Helmut Volpers: Public Relations und werbliche Erscheinungsformen im Radio. 2007 (Schriftenreihe Medienforschung der LfM; Bd. 55), S. 143

[2] http://www.audioetage.com/showroom/85.html

die Rede ist. „90 Prozent weniger Stickoxide" verursache die. Ein AUDI-Sprecher darf das verkünden. Auch welche AUDI-Modelle bald damit fahren werden, wird kundgetan. Fazit des Reporters: „Die Zahl deutscher Fahrzeuge auf amerikanischer Straßen wird dank solcher Technologien wohl noch weiter steigen." Insgesamt gibt sich der Beitrag gezielt journalistisch: Der Reporter beschreibt die US-amerikanische Situation auf dem Automarkt, zitiert eine angeblich aktuelle, aber nicht weiter genannte Studie dazu, ordnet scheinbar ein und gewichtet. In Wahrheit aber hat AUDI für den Beitrag bezahlt und wird entsprechend herausgehoben. Verkappte Werbung also.

Wie häufig solche getarnten Werbe-Beiträge auf Sendung gehen, ist schwer zu beziffern. Doch bisweilen rühmten sich Agenturen schon öffentlich, ihre Radiobeiträge erzielten „mit Hilfe von 45 Sendern eine Reichweite von über neun Millionen Hörern"[3] in Deutschland. Inzwischen werden die Erfolge nicht mehr so offen gefeiert. Man ist vorsichtiger geworden, seit in einzelnen Fällen Kritik laut wurde. Doch Agenturen für Hörfunk-PR gibt es nach wie vor dutzendfach. Ihr Angebot an fertig produzierten Auftragsstücken, Berichten und Reportagen ist übermächtig. Und die Versprechen, die sie ihrer zahlenden Kundschaft geben, sind eindeutig.

www.mycommunications.de: „Sie wollen mit Ihren Themen ins Radio? Sie wollen von den Hörern bewusst gehört und nicht nur als Werbung wahrgenommen werden? Genau hier setzt die Hörfunk-PR an. Denn die Hörfunk-PR ist gezielt auf das redaktionelle Umfeld der Sender ausgerichtet und nicht auf die traditionelle Spot-Werbung. (...) In der Regel erreichen wir mit einem einmaligen Hörfunk-Presskit Reichweiten zwischen 800.000 und 1.200.000 realen Hörern bundesweit."

www.audioetage.de: „Gemischt mit O-Tönen, Umfragen, Geräuscheffekten oder Musik lassen sich die Beiträge optimal in das redaktionelle Umfeld der Radiostationen einbetten." [4]

Da vor allem namhafte Unternehmen und Großkonzerne Hörfunk-Beiträge in Auftrag geben – Unternehmen also, die für eine genaue Erfolgskontrolle ihrer PR-Aktivitäten bekannt sind – ist davon auszugehen, dass es tatsächlich viele Sender gibt, die solche Beiträge im redaktionellen Teil spielen. Das belegen zum Teil auch Mitschnitte, die die Agenturen als Referenzen ins Internet stellen.[5] Bisweilen waren dort auch schon Abnehmerlisten einzusehen, die darauf schließen lassen, dass viele Sender – privat und öffentlich-rechtlich – Material von Audioagenturen nutzen.[6] Die Beitragsplattformen im Internet zeigen außerdem, dass vor allem Verbraucherthemen unter PR-Druck stehen.

[3] Aus einer Pressemitteilung von „Schlenker PR", Stuttgart, vom 30.11.2004: http://www.openpr.de/news/37932/Radio-PR-Vom-Geheimtipp-zum-Top-Kontaktbringer.html

[4] Zitate von den Internetseiten der Anbieter bzw. Volpers, S. 123

[5] http://www.audioetage.com/showroom.html

[6] Volpers, S. 222

www.public-radio.de: „Knappe und wichtige Neuigkeiten gehören in unsere kurzweiligen Verbrauchermagazine. Wer ein neues Produkt, Studienergebnisse oder ein Event – z.B. aus den Bereichen Gesundheit, Ernährung, Technik, Reise, Geld oder Versicherung – bekannt machen will, findet hier einen optimalen Platz. Mit festen Sender-Kooperationen können Sie jede Woche eine halbe Minute lang Ungewöhnliches, Skurriles, Informatives, Unterhaltsames, Sachliches oder auch Kritisches im redaktionellen Teil von über 40 Hörfunkprogrammen vermelden."

Besonders häufig werden solche Verbraucherthemen in Interviewform abgehandelt. Dann darf zum Beispiel ein ING-DiBa-Sprecher scheinbar allgemeingültig erklären, was beim Kontowechsel zu beachten ist.[7] Doch die Antworten sind vorgegeben. Sie werden von der Agentur kostenlos zur Verfügung gestellt. Der Moderator stellt die passenden – und meist mitgelieferten – Fragen auf Lücke. Die Unternehmen platzieren so gekaufte „Expertise" und tauchen in redaktionellen Zusammenhängen auf, obwohl ihre Antworten werbegeleitet sind.

Daneben nutzen zahlreiche Interessenverbände und Lobby-Gruppen die Chance, mit selbst produzierten oder eingekauften Radio-Beiträgen für ihre Standpunkte zu werben.

Meinungsmache im Namen des Ärzteverbunds

Die „Dienstleistungsgesellschaft für Bayerische Lokal-Radioprogramme" (BLR) – ein Radioanbieter, der ganze Sendestrecken für bayerische Privatradiostationen liefert – setzt regelmäßig die Beiträge des Ärzteverbunds MEDI ein.[8] Die Beiträge werden von der Agentur all4radio produziert und der BLR und anderen Sendern kostenlos zur Verfügung gestellt. In den Beiträgen wird zum Beispiel erklärt, dass die Praxisgebühr abgeschafft werden muss oder dass Ärzte zu wenig Geld von den Krankenkassen bekommen. Grundsätzlich kommen nur MEDI-Funktionäre als O-Ton-Geber zu Wort. Journalistisch hinterfragt werden die Positionen nicht. Im Gegenteil: Die Beiträge werden zum Teil bereits kommentierend anmoderiert. Ein BLR-Moderator kündigt zum Beispiel an, dass den Krankenkassenärzten „kaum das Geld zum Leben" reicht.[9] Dass diese Einschätzung nicht das Ergebnis journalistischer Recherche ist, sondern die Ansicht des Ärzteverbunds MEDI widergibt, bleibt unerwähnt.

Ärgerlich ist, dass all dies weitgehend folgenlos bleibt. Zwar hat Norbert Schneider, der ehemalige Direktor der Landesmedienanstalt NRW, den Einsatz vorgefertigter PR-Beiträge und Interviews im Radio als „Fake" und „Täuschung" bezeichnet[10] und für eine Kennzeichnungspflicht von PR-Beiträgen im Radio plädiert. Sie als Schleichwerbung zu brandmarken, hat er dagegen tunlichst vermieden. Denn juristisch wasserdicht wäre dieser Vorwurf erst, wenn

[7] http://www.schlenker-pr.de/index.php?id=28&L=0
[8] http://www.medi-deutschland.de/seite.php?seite=332
[9] http://www.fair-radio.net/www/2010/03/17/wie-kann-man-pr-beitrage-korrekt-anmoderieren/
[10] http://www.lfm-nrw.de/fileadmin/lfm-nrw/Veranstaltungskalender/facht-mediendialog2008.pdf, S. 4

die Sender Geld für die Ausstrahlung der Beiträge bekämen. Da sie die kostenlosen Beiträge aber vielfach aus reiner Bequemlichkeit senden und eigenständig über den Einsatz der PR-Stücke entscheiden, ist der Hörerbetrug meist „nur" eine Folge von Mängeln bei der Beachtung der journalistischen Sorgfaltspflichten. Und dies ist im Radio kaum sanktioniert.

Anders als in den Printmedien, wo das Veröffentlichen einer unveränderten Pressemitteilung im redaktionellen Teil immerhin ein Verstoß gegen den Pressekodex[11] und damit ein Fall für den Presserat wäre, gibt es im Hörfunk nicht einmal eine Anlaufstelle für solche Verstöße. Dabei müsste das Senden einer vertonten Pressemitteilung (denn nichts anderes sind PR-Beiträge) als ebenso verwerflich gelten. Doch das Schuldbewusstsein unter Radiomachern hält sich in Grenzen. Viele verpflichten sich sogar freiwillig, keine Veränderungen an geliefertem PR-Material vorzunehmen. Gelegentlich gehen Radiosender auf die PR-Angebote ein, *um Geld zu verdienen*. Schon mehrfach nämlich hat es Fälle gegeben, in denen nachweislich Geld geflossen ist.

Kritische Bearbeitung unerwünscht

Die Nutzungsbedingung für den Audio-Download bei presseportal.de:
„Hiermit erkenne ich folgende Nutzungsbedingungen an: Die Verwendung der Beiträge ist ausschließlich zu redaktionellen Zwecken gestattet. Die einzelnen O-Ton-Segmente dürfen jeweils nur im Ganzen – nicht ausschnittweise – verwendet werden."[12]

Doch selbst solch eklatante und klare Verstöße gegen den Rundfunkstaatsvertrag bleiben für die Sender oft ohne Konsequenzen. Auch im Fall der Propa-

Politische Propaganda gegen Bezahlung

Das ARD-Magazin „Report Mainz" hat 2008 nach Hinweisen der Initiative FAIR RADIO aufgedeckt, dass das Bundesgesundheitsministerium mit der Audio-Agentur „Schlenker PR" aus Stuttgart zusammengearbeitet hat. Die Agentur lieferte Radiobeiträge, in denen die Vorteile der Gesundheitsreform gepriesen wurden. Gestellte, angebliche Straßenumfragen und Experten-O-Töne inklusive. Für die Ausstrahlung bekamen die Radiosender Geld. Eine ehemalige Mitarbeiterin der Agentur und ein ehemaliger Abnehmer der Beiträge haben das bestätigt.[13]

---

[10] http://www.lfm-nrw.de/fileadmin/lfm-nrw/Veranstaltungskalender/facht-mediendialog2008.pdf, S. 4
[11] Deutscher Presserat: Pressekodex. Richtlinie 1.3.
[12] Zustimmungspflichtige Nutzungsbedingung beim Audio-Download von www.presseportal.de
[13] Report Mainz. Sendung vom 7.7.08. Beitrag als online-Video unter http://www.swr.de/report/-/id=233454/did=3727232/pv=video/nid=233454/17lhl94/index.html
Beispiele für Radiobeiträge im Namen des Gesundheitsministeriums unter http://www.fair-radio.net/www/2009/01/13/enthullung-nach-hinweisen-von-fair-radio/

ganda-Beiträge fürs Gesundheitsministerium verliefen die versprochenen Ermittlungen der Landesmedienanstalten im Sand. Weder wurden Sender öffentlich gerügt noch wurden Strafen verhängt. Und die öffentliche Empörung bezog sich ausschließlich auf die Rolle des Bundesgesundheitsministeriums. Dem warf selbst der Deutsche Journalisten-Verband vor, es habe „mit Steuergeldern die freie Berichterstattung ausgehöhlt".[14] Dass das nur möglich war, weil Radio-Journalisten sich hatten kaufen lassen, ging unter. In einem ähnlich gelagerten Radio-PR-Fall ausgehend vom Familienministerium sah SPIEGEL ONLINE in den kleinen Radiosendern sogar „dankbare Opfer"[15]. Als könnte man nicht auch von Radiomachern erwarten, sich nicht zu Handlangern der PR zu machen.

FAIR RADIO – eine Initiative, der auch die Autorin dieses Artikels angehört – fordert deshalb eine Rückbesinnung auf die klassisch journalistischen Regeln im Radio. Die Glaubwürdigkeit des Mediums steht auf dem Spiel, findet die Initiative[16] und kämpft zum Beispiel für strengere Programmkontrollen. Sie prangert Sender an, die PR ins Programm gehoben haben, und fordert: „PR-Beiträge gehören in den Werbeblock". Moderatoren, die von ihren Sendern angehalten werden, PR-Beiträge im redaktionellen Teil zu spielen, rät die Initiative, sich zu weigern. Wo das nicht möglich ist, sollen sie sich in der Anmoderation soweit wie möglich davon distanzieren. Oft lässt sich mit ganz einfachen Formulierungen klar machen, dass die Beiträge nicht journalistischen Ansprüchen genügen.[17]

Auch einzelne extern gelieferte O-Töne und fertige Antworten für nachvertonbare Interviews sollten Radio-Journalisten idealerweise kennzeichnen, empfiehlt FAIR RADIO und fordert, endlich offen über die Verfehlungen in der Radio-Branche zu reden. Denn wer PR wie Journalismus auf Sendung bringt, ist nicht Opfer, sondern Täter. Er macht sich des Betrugs am Hörer schuldig und verrät die Ideale des unabhängigen Journalismus.

Material zum Artikel auch unter www.fair-radio.de und www.netzwerkrecherche.de

[14] DJV-Chef Michael Konken im Beitrag von Report Mainz.
[15] http://www.spiegel.de/politik/deutschland/0,1518,502566,00.html
[16] http://www.fair-radio.net/www/tutzinger-appell/
[17] http://www.fair-radio.net/www/2010/03/17/wie-kann-man-pr-beitrage-korrekt-anmoderieren/

Zielsetzungen für das „netzwerk recherche"

1. Das „netzwerk recherche" verfolgt das Ziel, die journalistische Recherche in der Medien-Praxis zu stärken, auf ihre Bedeutung aufmerksam zu machen und die intensive Recherche vor allem in der journalistischen Ausbildung zu fördern.

2. Zu diesem Zweck entwickelt das „netzwerk recherche" Ausbildungskonzepte für die Recherche-Ausbildung, vermittelt Referenten und berät Institutionen der journalistischen Aus- und Weiterbildung in der Gestaltung und Umsetzung entsprechender Ausbildungskonzepte. Das „netzwerk recherche" veranstaltet zudem eigene Recherche-Seminare sowie Modellseminare zu verschiedenen Themen.

3. Das „netzwerk recherche" bietet ein Recherche-Mentoring für jüngere Kolleginnen und Kollegen an, um in einem intensiven Beratungs- und Austauschprozess über jeweils ein Jahr einen entsprechenden Wissens-Transfer von erfahrenen Rechercheuren zu interessierten Kolleginnen und Kollegen zu organisieren.

4. Das „netzwerk recherche" fördert den umfassenden Informationsaustausch zum Thema „Recherche" und bietet seinen Mitgliedern entsprechende Foren an. Im Internet wird durch entsprechende newsletter die Kommunikation untereinander gefördert.
Der Austausch über Projekte, konkrete Rechercheerfahrungen etc., aber auch der Hinweis auf Weiterbildung und entsprechende Serviceangebote soll hier möglich sein.

5. Das „netzwerk recherche" beteiligt sich am internationalen Austausch entsprechender Journalisten-Organisationen in Europa und in Übersee.

6. Das „netzwerk recherche" vergibt einmal im Jahr einen Preis für eine außergewöhnliche Recherche-Leistung, die Themen und Konflikte beleuchtet, die in der Öffentlichkeit bislang nicht oder nicht ausreichend wahrgenommen wurde: Der Leuchtturm-Preis für besondere publizistische Leistungen.

7. Die Mitglieder des Netzwerkes setzen sich dafür ein, dass die Möglichkeiten der Recherche nicht eingeschränkt werden.
Das „netzwerk recherche" äußert sich öffentlich zu Fragen der Recherche und der Bezüge zur journalistischen Qualität, wenn Begrenzungen oder Einschränkungen der Pressefreiheit festgestellt werden.

8. Das „netzwerk recherche" arbeitet mit anderen Journalisten Organisationen und Gewerkschaften zusammen, die im Grundsatz ähnliche Ziele verfolgen und ebenfalls dazu beitragen, den Aspekt der Recherche im Journalismus stärken um so die Qualität der Medien insgesamt zu verbessern.

9. Das „netzwerk recherche" trifft sich einmal im Jahr zu einem Jahreskongress und erörtert jeweils aktuelle Tendenzen im Umfeld des „Recherche-Journalismus" und setzt sich hier mit zentralen Themen im Zusammenhang mit der journalistischen Recherche und konkreten Fallbeispielen auseinander.
Jedes Jahr wird ein „Infoblocker" aus Politik oder Wirtschaft mit der „Verschlossenen Auster" ausgezeichnet.
Regionale Untergliederungen ermöglichen den Austausch in bestimmten Regionen.

10. Das „netzwerk recherche" ist politisch unabhängig und verfolgt ausschließlich gemeinnützige Zwecke. Der Zusammenschluss der Journalisten hat den Status der Gemeinnützigkeit erhalten. Die laufende Arbeit und die Projekte des „netzwerkes" werden durch Spenden und Mitgliedsbeiträge (mindestens 60 Euro im Jahr) finanziert.

www.netzwerkrecherche.de
info@netzwerkrecherche.de

nr
netzwerk recherche

Fake-News und Tele-PR
Wie TV-Sender und Internetportale ihre Zuschauer betrügen

David Goeßmann

Familie Dressler hat sich um einen Küchentisch versammelt, vor sich einen Laptop. Man suche schon lange nach einer bezahlbaren Eigentumswohnung, vergeblich. Dann habe man von Zwangsversteigerungen gehört. Die Kamera fährt Häuserfassaden in Frankfurt am Main ab. Zwangsversteigerungen seien der Schlüssel zu günstigem Wohnraum, kommentiert der Reporter im N24-Beitrag im April 2007. Ein Mitarbeiter der Dresdener Bank erklärt im Originalton, wie man das Ganze zudem sicher finanziere.

Zwei Designer des Modelabels Fkk in Hamburg schneidern an Hosen. Die Stoffe sind bedruckt mit modischen Typografien und Vintage-Logos. Das Markendesign von Schweppes sei für ihn sofort reizvoll gewesen, sagt Tobias Harms von Fkk. Der Getränkehersteller habe die Modelinie gesponsert, heißt es im Bericht der 3sat-Sendung „Tipps und Trends“ am 27.5.2006. Dank der Kooperation gäbe es die exklusiven Fkk-Schweppes Kleidungsstücke im Hamburger und Berliner Stilwerk jetzt für kleines Geld zu kaufen.
„Kreativität meets Kommerz“, mit diesen Worten leitete die Moderatorin den 3sat-Beitrag ein. Doch tatsächlich traf hier Kommerz auf Journalismus. Auch Moderator Thomas Schwarzer von N24 hätte eigentlich sagen müssen „Schnäppchenjagd im TV-Journalismus“. Beide Redaktionen bezogen das Video-Material umsonst von der Tele-PR-Firma Mhoch4, Tochter der größten deutschen Werbefilmproduktion Markenfilm GmbH. Statt journalistischer Arbeit wurden Fake-TV-News gesendet. Es handelte sich schlicht um Werbung im Nachrichtenmantel.

Hinter solchen Fernsehberichten stehen keine Journalisten, sondern Unternehmen. Auftraggeber des N24-Nachrichtenstücks ist die Dresdener Bank. Für sie hat Mhoch4 das Stück produziert, der Sender übernahm es mit Originalvertonung von Mhoch4. Lediglich an einigen Stellen wurde gekürzt. Dass der O-Ton des Dresdener-Bank-Experten nicht insertiert wurde, ist ein Hinweis, dass man bei N24 wusste, wer der Auftraggeber des Stücks war. Auch das Material des 3sat-Beitrags – mit O-Tönen und der Storyline – kommt exklusiv von Mhoch4, bezahlt von Schweppes. Dass die Dresdener Bank hinter dem Zwangsversteigerungs-Stück steckt und sich quasi selbst interviewte und Schweppes für die

eigene Image-Kampagne das Material lieferte, darüber erfährt der Zuschauer nichts.
N24-Sprecherin Kristina Faßler sieht in der Ausstrahlung solcher „Video News Releases", einer Art elektronischer Pressemitteilung, kein Problem: *„Der Beitrag in der 'Börse am Mittag' ist ausschließlich ein Teaser zu einem Studiogespräch mit einem Experten zum Thema Zwangsversteigerung"*, heißt es bei N24. Bei 3sat ist man reumütiger. Inzwischen sei der Umgang mit kostenfreiem Fremdmaterial strenger reglementiert – es dürfe zum Beispiel nur noch mit Quellenangabe ausgestrahlt werden.

Rege Nachfrage

Doch die Ausstrahlungen bei N24 und 3sat sind bei weitem keine Einzelfälle. So heißt es im internen Reporting von Mhoch4 an seinen Kunden Dresdener Bank über den Schnäppchenjagd-Beitrag: Das Material sei insgesamt 18 Mal ausgestrahlt worden. Daraus errechnet Mhoch4 einen Bruttomediawert in Höhe von 182.000 Euro, also die Summe, die die Dresdener Bank hätte aufwenden müssen für klassische Werbung, um vergleichbare Medienpräsenz zu erzielen. Die Reichweite beziffert Mhoch4 auf rund 2,3 Millionen Zuschauer. Auch der Schweppes-Beitrag erfreute sich augenscheinlich reger Abnahme. Nach Angaben der Tele-PR-Firma wurde er 37 Mal im deutschen Fernsehen ausgestrahlt mit einer Reichweite von fast zwölf Millionen Zuschauern und einem Bruttomediawert von rund 200.000 Euro.

N24 ist nachweisbar Wiederholungstäter. Auch andere Sender, öffentlich-rechtliche wie private, greifen scheinbar kontinuierlich auf TV-PR zurück. Konfrontiert mit den Ergebnissen, heißt es bei den Sendern oft, dass das „branchenüblich" sei.
Das Geschäftsmodell der Tele-PR ist so einfach wie effektiv. Auf der Homepage von Mhoch4 heißt es beispielsweise: *„Voraussetzung für mediale Berücksichtigung von unternehmensbezogenen Botschaften im Fernsehen ist die nicht-werbliche, journalistische Aufbereitung, um den redaktionellen Ansprüchen bei Sendern und Redaktionen gerecht zu werden."* Und weiter: *„Mhoch4 entwickelt unter journalistischen Gesichtspunkten gemeinsam mit den Auftraggebern Storylines zu kundenrelevanten Themen und stellt die qualitativ hochwertige Produktion sicher. Die fertigen Beiträge werden den verschiedenen Redaktionen im Inland kostenfrei zur Verfügung gestellt."*
Mhoch4 hat ein eigenes Videoportal eingerichtet, auf dem rund 500 Fake-Beiträge für TV-Redaktionen und Internetportale bereitgestellt werden. Eine ganze Reihe von Dienstleistungen und Produkten tauchen in den gelisteten Beiträgen auf, genannt werden Unternehmen wie die Versicherungskonzerne Allianz und Axa, die Messe Düsseldorf GmbH, das Mobilfunkunternehmen E-Plus, die RWE Power AG, VW

und weitere. Das Modell der Fake-TV-News scheint sich seit Jahren für Mhoch4 und seine Kunden zu rechnen.

TV-PR in ARD und ZDF

Einer der Großkunden von Mhoch4 ist die Nord Stream AG, ein Konsortium aus dem russischen Erdgasriesen Gazprom, dem deutschen Energiekonzern E.ON, der BASF-Tochter Wintershall und der Gasunie. Mehr als 120 Videopakete der Nord Stream AG mit Fake-Beiträgen, Interviews und Video-Rohmaterial finden sich auf dem Videoportal. Das PR-Material flankiert schon seit Jahren den Bau der Ostseepipeline zwischen Russland und Deutschland. Die Bilder wurden von unzähligen TV-Sendern auf der ganzen Welt in die Berichterstattung ungekennzeichnet eingebaut. Auch in Deutschland taucht das TV-PR-Material massiv in den Pipline-Beiträgen auf. Zum Beispiel in der Berichterstattung am 9. April 2010, dem offiziellen Start des Baus. Deutsche Nachrichtensendungen berichteten ausführlich über das „Mammutprojekt", platzierten Berichte über die Ostsee-Pipeline vorn im Programm. Bebildert mit Videosequenzen von Hubschrauberflügen, Schweißarbeiten im Schiffsinneren, der Herstellung und Verschiffung der Rohre; mit sonnigen Meeresbildern, Impressionen vom Munitionsbergungsschiff und ausgefeilten Computeranimationen. Die Bilder strahlten zum Teil die „Tagesschau" und die „Tagesthemen" (ARD) aus, und sie liefen auch in zahlreichen „Heute"-Sendungen und im „Heute Journal" (ZDF), bei n-tv, N24 und dem Bayerischen Rundfunk.

Das Umsonst-PR-Material der Nord Stream AG flochten die Sender ohne Hinweis auf die Quelle in die aktuellen Beiträge ein. Während im „Tagesschau"-Beitrag um 20 Uhr zwei Mhoch4-Bilder, bei den „Tagesthemen" sieben auftauchen, bestehen die Pipeline-freundlicheren Berichte zahlreicher „Heute"-Sendungen zu fast einem Viertel aus Nord Stream-Material. Die Nachrichtensender n-tv und N24 bauten ihre Stücke fast komplett aus Tele-PR-Sequenzen.

Bei n-tv und N 24 ist man sich keiner Schuld bewusst. Thomas Hinrichs, zweiter Chefredakteur von ARD Aktuell, bedauert allerdings den Vorfall. Man habe schlicht vergessen, die Quelle einzublenden. *„Es bleibt unschön, weil die Sache einer Unaufmerksamkeit geschuldet war"*, erklärt Hinrichs. *„Unsere Glaubwürdigkeit ist unser höchstes Gut. Ohne Rücksicht auf Ästhetik insertieren wir daher konsequent, aus welchen Quellen unser Material stammt, wenn es nicht von uns oder den mit uns seit Jahren unter Vertrag stehenden Agenturen stammt."* Warum überhaupt auf PR-Firmenmaterial zurückgegriffen werden musste, bleibt jedoch fraglich. Die Chefredakteurskonferenz des Ersten begrüßte in ihrer Sitzung vom November 2006 einen Entwurf von ARD Aktuell. Im Protokoll der Sitzung heißt es: *„Wenn Fremd- und Firmenmaterial verwendet wird, muss immer der eigene Versuch* *vorangegangen sein, selbstgedrehtes Material zu bekommen. Nur wenn das absolut unmöglich ist, darf die Verwendung von Fremdmaterial überhaupt erwogen werden. Fremdes Bildmaterial aus nichtjournalistischen Quellen wird per Insert immer als solches gekennzeichnet.*"

Auch beim ZDF ist man betrübt. *„Hier legen Sie tatsächlich einen Finger in die Wunde. Wir sind Ihnen dankbar für diesen Hinweis und haben ihn zum Anlass genommen, dafür Sorge zu tragen, dies künftig möglichst auszuschließen.*" Das ZDF wie die ARD hatten extensiv und in zahlreichen Nachrichtensendungen das PR-Material von Mhoch4 verwendet, ohne es kenntlich zu machen. Zudem strahlte das ZDF am 24. Juni 2009 eine fast neun Minuten lange Fernsehdokumentation über die Pipeline in der Sendung „Abenteuer Wissen" aus. Mit den Worten „Operation Pipeline" und „Hightech-Maßarbeit auf dem Meeresgrund" startet das Fernsehfeature eine begeisterte Technikshow, ermöglicht vor allem durch den kostenlosen Videofundus der Nord Stream AG. Die Dokumentation erzählt ganze Passagen allein mit Hilfe der Nord-Stream-Bilder. So ist der mit Musik dramatisierte Anfangstrailer ein Potpourri aus Firmenvideomaterial. Hubschrauberflüge über das Verteilerschiff „Castoro Sei" liefern Action-Stoff für die „Operation Pipeline". Das ZDF inszeniert die Produktion und den Transport der Röhren wie einen Doku-Thriller, getrieben von kommerzieller Tele-PR, ohne Quellenhinweise.

Billiger und glaubwürdiger als Werbung

Die Vorteile von Tele-PR sind für immer mehr Werbekunden überzeugend. Sie ist weit billiger und glaubwürdiger als klassische Werbung, auch wenn der Branding-Effekt von PR-Footage und Fake-Beiträgen geringer ist. Oft gelingt es mit dieser Art von PR, Logos und visuellen Botschaften unterzubringen. Man platziert Themen. In gestellten journalistischen Interviews wird neutrale Expertise vorgetäuscht, im Sinne der bezahlenden Unternehmen. Im PR-Markt hat man sich daher schon seit einiger Zeit auf die Chancen dieser Form der Public Relations eingestellt.

Das zeigt sich im TV-Programm. Es gebe im deutschen Fernsehen *„eine stärkere Infiltration der Public Relations in redaktionelle Beiträge als dies noch vor zehn Jahren zu konstatieren war"*, resümiert eine Studie, die im Auftrag der Landesanstalt für Medien NRW erstellt wurde. Erkennbar sei *„ohne Zweifel, dass die ‚Hemmschwelle', das redaktionelle Programm für interessengeleitete Botschaften zu öffnen, bei vielen Programmverantwortlichen gesunken ist"* (Helmut Volpers, Uli Bernhard, Detlef Schnier: Public Relations und werbliche Erscheinungsformen im Fernsehen. Vistas-Verlag Berlin, 2008). Auch eine Studie, die am Journalistik-Institut der Universität Leipzig 2006/2007 entstanden ist, bestätigt den Trend. Befragungen von Wissenschaftsjournalisten und Medienbeobachtungen ergaben, dass TV-Footage die Fernsehsender erobert hat. In Fallstudien zur TV-PR der Max-Planck-Gesellschaft konnten die Forscher feststellen, dass mindestens jeder fünfte TV-Wissenschaftsbeitrag mit Bezug auf die Max-Planck-Gesellschaft in 2005 durch Footage ausgelöst wurde. Ein Drittel der Max-Planck-Berichte besteht demnach aus PR-Fremdmaterial.

Wie stolz die PR-Branche auf derartige Erfolge ist, zeigt ein Beispiel der PR-Agentur fischerAppelt tv media. Die Distribution eines Hochglanz-Beitrags zum Jubiläum „75 Jahre Silberpfeil" im Mercedes-Benz-Museum beschreibt man auf der Homepage wie einen Eroberungsfeldzug: „*Die Schweiz hat 7,5 Millionen Einwohner, Irland 4,5 Millionen. Zusammen 12 Millionen. Wir konnten alle zusammentrommeln und drei Minuten lang vor den Fernseher setzen! In mehr als 35 Ländern auf der Welt haben mehr als 12 Millionen Zuschauer zugesehen, wie Lewis Hamilton seinen Weltmeister-Silberpfeil ins Mercedes-Benz-Museum bringt. Ermöglicht hat das ganze das Team Content Solutions von tv media.*"

TV-PR im Web

Der Fake-TV-Markt ist insbesondere im Internet erfolgreich. Die Videonachrichten auch von etablierten Zeitungen und Rundfunkstationen sind überschwemmt von Tele-PR. Renommierte Tageszeitungen wie die Frankfurter Rundschau oder das Hamburger Abendblatt heben den Quasi-Journalismus der PR-Spezialisten als redaktionelle Beiträge auf die Seite. Nachfragen zu den übernommenen PR-Filmen blieben bei der Frankfurter Rundschau und dem Hamburger Abendblatt bisher unbeantwortet. Aktuelle Untersuchungen belegen die Erfolge der TV-PR im Web. So veröffentlichte im Sommer 2010 die news aktuell GmbH, das PR-Tochterunternehmen der Nachrichtenagentur dpa, Ergebnisse einer Befragung von Journalisten. Demnach verwenden knapp 30 Prozent der befragten Online-Journalisten komplette PR-Videos für die Berichterstattung.

Fazit: In Deutschland hat sich das Fake-Nachrichtengeschäft in den letzten Jahren professionalisiert. Marketing-Abteilungen von Unternehmen, Tele-PR-Firmen und zahlreiche TV-Redaktionen arbeiten oft Hand in Hand bei der Verbreitung von toxischem Nachrichten-Videomaterial. Dass vor allem finanzschwache Sender, lokale und regionale Stationen bei ihren Nachrichten auf das Umsonst-Material zurückgreifen und PR-Beiträge nicht selten komplett übernehmen, ist erwartbar. Nach Einschätzung von Experten kann aber auch für das öffentlich-rechtliche Fernsehprogramm keine generelle „Unschuldsvermutung" mehr gelten. Die Medienaufsicht ist daher gefordert. Ohne klare Regulierungen, Kontrollen und wirksame Sanktionen wird dieser lukrative Markt in Zukunft kaum zu beherrschen sein.

Sockenpuppen auf Kunstrasen

Albrecht Ude

Im Internet erreicht PR ihre Adressaten direkt und ungefiltert. Welche Maßnahmen aber legitim sind und welche nicht – dieser Grat ist schmal. Journalisten müssen den Werkzeugkasten ihrer Kontrahenten kennen.

Dort, wo in China die Zensur an ihre technischen Grenzen stößt, greift das Regime zu PR-Mitteln: Als dem chinesischen Regimekritiker Liu Xiaobo in Europa der Friedensnobelpreis verliehen wurde, war es der Partei kaum mehr möglich, den Internet-Diskurs darüber zu unterbinden. Ließen sich Webseiten oder Kommentare mit den Begriffen „Friedensnobelpreis" oder „Liu Xiaobo" noch einfach zensieren, waren synonyme Konstruktionen wie „nordeuropäischer Preis" schon schwerer zu entdecken und zu zensieren. Geschweige denn Bilder mit bestimmten Inhalten, die maschinell kaum auffindbar sind: Das Nobelpreiskomittee legte die Urkunde des inhaftierten Xiaobo auf einen leeren Stuhl. Das Bild eines leeren Stuhls wurde zum Symbol.

Und wenn sich der Internet-Diskurs nicht unterbinden lässt, so kann man ihn doch zumindest beeinflussen. Zu diesem Zweck gibt es in der Volksrepublik China die Wumao dang, die „Fünf-Groschen-Partei", wie der Volksmund spottet. Offiziell heißt das Programm Wangluo pinglun yuan, „Internet Kommentatoren". Es geht zurück auf eine Order an die Universitäten aus dem Jahr 2004. Die Unis sollten möglichst viele Internet-Kommentatoren mit verlässlicher politischer Haltung und Internet-Kenntnissen rekrutieren. Diese wiederum sollen dann Beiträge im Web 2.0 schreiben und kommentieren, um so Diskussionen zu aktuellen kritischen Themen zu beeinflussen und Debatten im Keim ersticken zu können.

Nach Schätzungen umfasst die Wumao Dang an die 300.000 Akteure. Sie werden pro Beitrag mit fünf Mao, einem halben Yuan entlohnt. Chinas Staatschef Hu Jintao lobte das Programm als *„neues Muster zur Anleitung der öffentlichen Meinung"*. Überspitzt könnte man formulieren: Hu denkt wie ein PR-ler. Denn für Meinungsmache ist das Web 2.0 ein hervorragendes Instrument.

„100-prozentige Inhaltskontrolle"

Heimlich bezahlte Internet-Kommentare – das gibt es nicht nur in China, sondern auch in Deutschland. Im Januar 2011 deckte beispielsweise Sascha Pallenberg in seinem Blog netbooknews.de auf, dass die Firma „Onlinekosten GmbH" (zur Intergenia gehörig) Bloggern Geld für Links zu

Websiten ihrer Kunden angeboten hatte: 25 Euro monatlich pro Link. Pallenberg veröffentlichte den Kooperationsvertrag, die Keyword-Linkliste und andere Dokumente dazu. Das ist die Wumao dang auf deutsch.

Die Instrumentalisierung von Bloggern beschränkt sich aber selbstverständlich nicht nur auf bezahlte Verlinkung. Es gibt sie auch auf der „Content“-Ebene, wenn Inhalte und Texte bezahlt werden. So bietet die Firma Trigami, laut Eigenwerbung »“eine führende Agentur für Blog Marketing, AdWords Optimierung, Social Media Marketing, Performance Marketing und Conversion Rate Optimierung“ ihren Kunden an, Produkte durch Blogger testen zu lassen. Und sie beschreibt auf ihrer Website auch, was dabei herauskommt. Nämlich sogenannte „Advertorials“. Was versteckt sich hinter diesem Begriff? Die Agentur erklärt: *„Advertorials sind redaktionelle Werbetexte, geschrieben von Bloggern (Meinungsmacher), 100 Prozent positiv durch Inhaltskontrolle Ihrerseits.“* Redaktionelle Werbetexte? Das Paradoxon wäre schärfer erkennbar, gebe es dergleichen nicht seit Jahren in etablierten Medien, dort als „Sonderthemen“ oder Ähnliches beschwurbelt.

„Link-“ und „Content-Farming“

Vor allem Konzerne und Kommunikationsagenturen nutzen das Internet für ihre Ziele. Und dagegen ist nichts einzuwenden, solange es mit offenem Visier geschieht. Entsprechende Agenturen bieten „Online PR“, „Suchmaschinenoptimierung“ beziehungsweise „Search Engine Optimization“ (SEO), „Online Reputation Management“, „Virales Marketing“ und dergleichen Wohlklingendes mehr an.

Am Beispiel der SEO lässt sich gut zeigen, wie gering der Unterschied zwischen legitimen und nicht legitimen Maßnahmen ist. Und auch, über welche Macht Suchmaschinen faktisch verfügen. SEO zielt darauf, Websites für bestimmte Suchworte möglichst hoch in den Ergebnissen von Suchmaschinen zu präsentieren. Die großen Suchmaschinen (Ask, Bing, Google, Yahoo) haben in ihren Webmaster Guidelines publiziert, welche Maßnahmen sie akzeptieren.

SEO beginnt mit einfachen Mitteln, nämlich dem Überarbeiten der Webseiten: Je barrierefreier eine Website ist, je klarer gegliedert, je leichter der Inhalt durch Programme auszugeben (z.B. durch Screen Reader für Blinde), desto besser sind sie auch durch Suchmaschinen analysier- und nutzbar. Ebenso nützlich ist es für Web-Seiten, wenn relevante Keywords, die den Seiteninhalt treffen, bereits im Dateinamen, im Titel oder in Überschriften auftauchen.

Neben diesen „On site“-Maßnahmen, bei denen die eigene Website modifiziert wird, sind die externen Links auf die eigene Website wichtig. Suchmaschinen registrieren diese positiv – je mehr Links auf eine Site zeigen, desto besser ist das fürs Ranking. Und hier werden die Maßnahmen schon fragwürdig: Wozu sollte man sich Links durch die Qualität der eigenen Site erarbeiten, wenn man sie doch auch kaufen kann?

SEO-Spezialisten nennen das Angebot entsprechender Firmen „Link-Farming" oder „Content-Farming": Link-Farmer eröffnen hunderte Websites, die für normale Nutzer uninteressant sind, da sie lediglich aus Links auf zahlende Kunden bestehen. Auf Content-Farms wird schnell und billig produzierter Inhalt mit möglichst vielen, gerade nachgefragten Suchworten platziert, damit diese Seiten dann durch das hohe Ranking zu attraktiven Verkaufspätzen für Anzeigen werden.
„Die Mutter aller Content-Farmen", das Unternehmen Demand Media (so nennt Lars Reppesgaard die Firma in der Zeit), lässt täglich bis zu 5.000 Artikel und Videos erstellen – von freien Mitarbeitern gegen kleines Geld. Wenn Suchmaschinenbetreiber nicht gegensteuern, führt das in letzter Konsequenz zur Entwertung ihres Angebots. Am 24. Februar 2011 hat Google (vorerst in den USA) deshalb seinen Ranking-Algorithmus massiv geändert, wie man im offiziellen Google Blog (googleblog.blogspot.com) nachlesen kann.

Facebook: Unterstützung ist käuflich

Der Rücktritt von Verteidigungsminister Karl Theodor zu Guttenberg zeigte die Macht des Internet, Meinungen zu organisieren. Ein Guttenberg-kritischer „Offener Brief von Doktoranden an die Bundeskanzlerin", der am 24. Februar 2011 publiziert wurde, fand bis zum 15. März über 60.000 akademische Unterstützer. Aber auch Guttenberg-Unterstützer organisierten sich im Netz. Die Facebook-Seite „Gegen die Jagd auf Karl-Theodor zu Guttenberg" sammelte 400.000 „Gefällt mir"-Klicks. Die nach dem Rücktritt eingerichtete Page „Wir wollen Guttenberg zurück" gar noch mehr.
Allerdings steht die Page im Verdacht, nicht ganz koscher zu sein. Steht jeder dieser „Gefällt mir"-Klicks für einen einzelnen Menschen und seine Willensäußerung – oder werden dort „Sockenpuppen" und Bots eingesetzt? Als Sockenpuppen bezeichnet man Nutzer, die sich mehrere Accounts unter verschiedenen Namen einrichten. Bots sind Programme, die ebenfalls zum Klicken abgerichtet werden können.

Peter Berger wies im März 2011 in seinem Blog medienstratege.de auf Merkwürdigkeiten hin: So haben beide Facebook-Seiten mehr Fans, als die „Deutschland sucht den Superstar"-Seite in neun Jahren sammeln konnte. Auch zeige der Zustrom der Klicks keine tageszeitlichen Schwankungen, was ungewöhnlich ist, und schließlich demonstrierte er, wie leicht das Faken auf Facebook ist. Er warnt: *„Diese Zahlen zeigen nicht das Interesse von Otto Normalverbraucher. Ganz im Gegenteil."* Und Journalisten dürften darauf nicht – wie geschehen – anspringen.
Harte Belege für „Astroturfing" (gemeint ist das Vortäuschen einer Graswurzel-

oder Massenbewegung mittels falscher Accounts und spezieller Software) gibt es aber bislang nicht. Aber der Verdacht, dass ein solcher „Kunstrasen“ ausgelegt wurde, liegt nahe. Facebook-Fans kann man kaufen. Bulkfans.com, um nur einen Anbieter zu nennen, offeriert Pakete wie den „Economy Plan“ (5.000 Fans für rund 30 Dollar) oder den „Top Shelf Plan“ (100.000 für 160 Dollar). Eine andere Agentur wirbt „Want more Followers? Buy them now!“ Facebook-Unterstützer als Massenartikel. Solche Angebote untergraben die Glaubwürdigkeit von Facebook.

Fakes, die Fakes entlarven

Wie weit die Möglichkeiten mittlerweile gehen, zeigte ein Hack der Anonymous-Aktivisten. Sie verschafften sich Zugriff auf interne E-Mails der Sicherheitsfirma HBGary Federal, nachzulesen bei Anonleaks unter hbgary.anonleaks.ch. Zu deren Kunden zählen unter anderem amerikanische Geheimdienste, das Militär, das FBI und Ministerien. Geschäftsführer Aaron Barr musste nach dem Leak seinen Hut nehmen. Denn die Firma arbeitet an „Persona Management“. Programmgestützt können damit viele künstliche Identitäten gesteuert werden – jeweils mit E-Mail- Accounts, Webpages und Profilen in sozialen Medien. Diese Fake-Accounts beziehen sich aufeinander mit Feeds, Links und Kommentaren. Es wurde sogar überlegt, einzelne dieser Fakes auffliegen zu lassen – durch andere Fakes, deren Vertrauenswürdigkeit durch die scheinbare Entlarvung gestärkt wäre.

Derartig aufgerüstet können Personen und Gruppen die Mehrheitsmeinung in Diskussionen steuern. Angesichts dieser Entwicklung ist fraglich, wie viel eine Meinungsäußerung im Internet, speziell in den ›sozialen‹ Medien (abgeleitet vom englischen Begriff Social Media) noch wert ist. Klar ist jedenfalls, dass gerade Journalisten eine größere Sensibilität und mehr analytische Fähigkeiten im Umgang mit Daten aus dem Netz brauchen. Sie müssen häufiger und selbstverständlicher „unter die Motorhaube“ schauen.

Wikipedia: PR-Autoren entlarven

Das gilt auch für vermeintlich Harmloses und Alltägliches wie den Umgang mit Wikipedia. Sie zählt zu den zehn meistgenutzten Websites weltweit. Jeder, der mag, kann in Wikipedia schreiben, also Artikel anlegen oder vorhandene modifizieren. Das geht anonym, ohne einen Nutzeraccount anzulegen. Ferner können Accounts unter Pseudonymen angelegt werden. Das macht die „freie Enzyklopädie“ zum Ziel von PR-Aktionen und Manipulationen. Missbrauch der Wikipedia („Vandalismus“) wird sanktioniert: So gibt es eine Liste der Schurken im Wikipedia-Universum, und Nutzeraccounts wie auch IP-Adressen können gesperrt werden.
Wesentlich häufiger und ein verbreitetes Mittel der PR ist Schönschreiberei.

Die folgenden Beispiele sollen zeigen, wie Journalisten Wikipedia-Artikel auf ihren Gehalt untersuchen und Schönschreiberei entlarven können.

Jeder Schreibzugriff auf Wikipdia wird protokolliert: In der Versionsgeschichte wird für jede Änderung am Text oder der Diskussionsseite eines Artikels das Datum und der Urheber (Accountname oder IP-Adresse) vermerkt. Diese Spuren sind, wie alle Nutzungsdaten der Wikipedia, offen und können ausgewertet werden. Eine Übersicht über die Wikipedia-internen Statistiken bietet die Spezialseite „Wikipedia:Statistik". Mit den genannten und einigen externen Werkzeugen lassen sich bei vielen Einträgen leicht Indizien finden, die zu Skepsis führen sollten – hinsichtlich der Neutralität und Objektivität derjenigen, die maßgeblich am jeweiligen Artikel geschrieben haben.
Zum Beispiel der Artikel über die in Hamburg ansässige Firma „ECE Projektmanagement". Sie gehört zum Otto-Konzern und entwickelt vornehmlich Einkaufzentren. Ausweislich der Versionsgeschichte hat ein zwischenzeitlich gelöschter Nutzer „Robert Heinemann" am Artikel mitgeschrieben. Die Benutzerbeiträge für diesen Account zeigen, dass er neben dem ECE-Artikel noch die Texte „Wahlkreis Altona" und „Robert Heinemann" bearbeitete. Den Wikipedia-Nutzer „Robert Heinemann" gibt es nicht mehr, aber es gibt eine reale Person Robert Heinemann. Er ist Bezirksabgeordneter in Hamburg-Altona (CDU) und im Hauptberuf in der Öffentlichkeitsarbeit der ECE Projektmanagement GmbH & Co. KG tätig.
Wenn jemand ohne einen Nutzeraccount einen Artikel ändert, steht in der Versionsgeschichte nur die IP-Adresse des Rechners, von dem aus gearbeitet wurde. Doch es gibt Möglichkeiten, die entsprechenden Rechner zu verorten.

Ein Blick auf den Artikel über Ketchum Pleon, eine in Düsseldorf ansässige PR-Agentur: An diesem Text haben die (inzwischen gelöschten) Nutzer „Pheinrich" und „Petraheinrich" mitgeschrieben. Es gibt mehrere Personen dieses Namens, eine ist ausweislich ihres Linkedin-Profils „Director" bei Pleon, vordem „Consultant, Director Internal/External Comms" bei „Ketchum Pleon, Düsseldorf, DE". Auf den Artikel wurde aber auch anonym (ohne Nutzeraccount) zugegriffen: So änderte jemand am 28. August 2008 den Abschnitt „Geschäftsführung und bekannte Mitarbeiter" von der IP-Adresse 87.184.213.61.

Mit dem „Network Location Tool" von YouGetSignal kann man verfolgen, dass diese IP unter der Basisdomain t-dialin.net von der Telekom verwendet wird, das heißt die Nummer wird von deren Kunden verwendet, wenn diese sich ins Netz einwählen. Das Network Location Tool verortet die IP-Adresse in Düsseldorf.

Die Arbeitsstelle im Studien-und Forschungsschwerpunkt „Medienrecht" an der Europa- Universität Viadrina in Frankfurt an der Oder betreibt das nützliche Projekt Wiki-Watch (www.wiki-watch.de). Es wertet zu Wikipedia-Artikeln die Nutzungsdaten (bis zu einem Monat) aus: Besucherzahlen, Autoren, Quellen, Bearbeitungen und anderes. Daraus wird eine Bewertung erstellt, allerdings nur eine formale. Die Artikel über ECE Projektmanagement und Ketchum Pleon werden beispielsweise als »Zuverlässige Quelle« bezeichnet.

Der Nutzen von Wiki-Watch ist hoch, wenn Unstimmigkeiten der Bearbeiter zu einem „edit war" führen. Für den Artikel über Ex-Verteidigungminister Karl-Theodor zu Guttenberg weist das Tool aus, er sei jüngst „drei mal gesperrt worden" und habe „42 aggressive Löschversuche erlitten".

Diese Beispiele sind willkürlich und nur die Spitze des Eisbergs. PR bleibt häufig unter dem Radar. Das stellt Herausforderungen an Rechercheure und das professionelle Misstrauen von Journalisten, um die entlarven zu können, die – egal mit welchem Ziel – mit den Methoden totalitärer Regimes arbeiten.

Hinweise für den Umgang mit der Wikipedia:

- Wikipedia ist keine Quelle! Schönschreiberei in der Wikipedia ist häufiger als Vandalismus und schwerer zu enttarnen.
- Achten Sie auf die „History" (Versionsgeschichte): Anzahl, Frequenz und Daten der Änderungen des Artikels.
- Achten Sie auf die Diskussionen der Bearbeiter. Beachten Sie ggf. auch die Versionsgeschichte der Diskussion.
- Bei echtem Vandalismus und „edit wars" hilft Wiki-Watch.
- Um PR-Schreiberei zu entdecken, achten Sie in der Versionsgeschichte auf Benutzer, IP-Adressen und prüfen Sie, woher die Zugriffe kamen und welche Artikel von dort geändert wurden.

Mehr dazu: „Achtung Wikipedia! Hinweise zum kritischen Umgang mit der, freien Enzyklopädie'" (Arbeitsblatt mit Hinweisen des Verfassers, 3 S., 45 KB) http://www.ude.de/seminar/achtung-wikipedia.pdf

Literatur:
Über illegitimes SEO schreibt David Segal am 12.02.2011 in der New York Times: The Dirty Little Secrets of Search (http://www.nytimes.com/2011/02/13/business/13search.html?_r=1)
Dass Suchmaschinen Webseiten anders auswerten als Menschen, illustriert „Der Suchmaschinen-Robot und der Webdesigner: Ein unidirektionales, virtuelles Märchen aus Düsseldorf" (http://www.woodshed.de/publikationen/dialog-robot.html)
Informationen über Linkfarms: http://www.linkfarm.info/
Das Sistrix-Blog nennt einige der Content-Farms, die von Googles jüngster Änderung des Rankings betroffen sind (http://www.sistrix.com/blog/985-google-farmer-update-quest-for-quality.html)
Lars Reppesgaard: Google straft Contentfarmen ab – Zeit Online, 14.03.2011 (http://www.zeit.de/digital/internet/2011-03/google-algorithmus?page=all)
Johannes Thumfart: Astroturfing - Wann ist ein Fan ein Fan? Zeit Online, 08.03.2011 (http://www.zeit.de/digital/internet/2011-03/astroturfing-facebook-guttenberg?page=all)
Happy Rockefeller: Updated: The HB Gary Email That Should Concern Us All. - Daily Kos, 16.02.2011 (http://www.dailykos.com/story/2011/02/16/945768/-UPDATED%3A-The-HB-Gary-Email-That-Should-Concern-Us-All)

Unter der Lupe: Journalismus und PR in Deutschland

Wer beeinflusst wen?

Thomas Schnedler

Ein kurzer Überblick – Journalismus und Public Relations in der Forschung

Öffentlichkeitsarbeit ist „*fähig, journalistische Recherchekraft zu lähmen und publizistischen Leistungswillen zuzuschütten*“[1]. Dieses ernüchternde Fazit zog Barbara Baerns, als die Wissenschaftlerin zu Beginn der achtziger Jahre die Ergebnisse einer umfassenden Studie zum Kräfteverhältnis von Journalismus und PR vorlegte. Ihre Forschungsidee entstammte der Berufspraxis: Vor der Karriere an der Universität hatte Barbara Baerns mehrere Jahre auf beiden Seiten gearbeitet – sowohl als Redakteurin im Politikressort von Regionalzeitungen als auch in Pressestellen. Mit ihrer Studie stieß sie „eine der fruchtbarsten und wichtigsten Forschungsfragen für die Kommunikationswissenschaft“ an, wie der Journalismusforscher Stephan Ruß-Mohl es später nannte.

Welche Macht hat die PR? In welcher Beziehung stehen Journalismus und Öffentlichkeitsarbeit? Intensiv widmete sich die wissenschaftliche Forschung in Deutschland diesen auch heute noch so heftig diskutierten Fragen. Die Ergebnisse von Barbara Baerns legten dabei den Schluss nahe, dass die PR den Journalismus mit Erfolg instrumentalisiert, dass mächtige Öffentlichkeitsarbeiter die journalistische Berichterstattung weitgehend kontrollieren. Dieses Resultat stehe im Widerspruch zu journalistischen Selbsteinschätzungen und zu gesellschaftlichen Erwartungen an den Journalismus, warnte Barbara Baerns. „*Öffentlichkeitsarbeit hat die Themen der Medienberichterstattung unter Kontrolle*“, schrieb sie. Und auch das Timing werde von Öffentlichkeitsarbeitern bestimmt. Als Determinationshypothese wurden diese Gedanken in der Fachwelt debattiert[2].
Auf welche empirischen Ergebnisse stützten sich diese Schlussfolgerungen?

[1] Vgl. Baerns, Barbara: Öffentlichkeitsarbeit oder Journalismus? Zum Einfluß im Mediensystem. Köln 1985, S. 99

[2] Zur Diskussion vgl. Weber, Johanna: Das Verhältnis Journalismus und Öffentlichkeitsarbeit. Eine Forschungsübersicht zu den Eckpunkten einer wieder entdeckten Diskussion. In: Rolke, Lothar/Wolff, Volker (Hg.): Wie die Medien die Wirklichkeit steuern und selbst gesteuert werden. Opladen/Wiesbaden 1999, S. 265 ff. Vgl. auch die Zusammenfassung von Raupp, Juliane: Determinationsthese. In: Bentele, Günter/Fröhlich, Romy/Szyszka, Peter (Hg.): Handbuch der Public Relations. Wissenschaftliche Grundlagen und berufliches Handeln. Wiesbaden 2005, S. 192 ff.

Barbara Baerns hatte die Beziehungen zwischen nordrhein-westfälischen Landespolitikern, politischer PR und landespolitischen Korrespondenten untersucht und festgestellt, dass sich über 60 Prozent der landespolitischen Berichterstattung damals auf PR-Aktivitäten der Politik zurückführen ließen. Im Hörfunk beruhten 61 Prozent auf Impulsen der Public Relations, im Fernsehen 63 Prozent und in der Presse sogar 64 Prozent[3].

Das Echo auf diese wegweisende Untersuchung war gespalten. Die einen lobten, dass sie den Antagonismus zwischen PR und Journalismus gut akzentuiere und den Blick auf gefährliche Machtverschiebungen zwischen den beiden Kommunikationsdisziplinen lenke[4]. Die Kritiker der Determinationsthese unterstrichen hingegen die Steuerungsleistung des Journalismus. Sie argumentierten: Um erfolgreich zu sein, müssten sich Öffentlichkeitsarbeiter an den journalistischen Selektionskriterien – also den Nachrichtenfaktoren – orientieren. Sie müssten Medienstrukturen und Arbeitsroutinen der Redaktionen antizipieren – mithin gebe der Journalismus den Takt vor.

Folgeuntersuchungen relativierten zudem in Teilen die Ergebnisse von Barbara Baerns. So konnte gezeigt werden, dass die journalistische Eigenleistung dann ansteigt, wenn Themen strittig sind oder Krisensituationen zu beobachten sind. Die Informationen der PR werden dann misstrauischer betrachtet, die Journalisten besinnen sich eher auf die Pflicht zur Recherche und ihre ursprüngliche Unabhängigkeit. Da Streit und Krise aber gerade wichtige Nachrichtenfaktoren sind, setze sich bei vielen Themen also nicht die ungefilterte Polit-PR durch, sondern die journalistische Recherche[5]. Weitere Studien haben beispielsweise gezeigt, dass das Maß der Instrumentalisierung stark von der Art des Mediums abhängt. Journalisten bei Lokalblättern, überregionalen Qualitätszeitungen oder politischen Wochenmagazinen gehen demnach sehr unterschiedlich mit PR-Angeboten um[6].

Das Zauberwort in der systemtheoretisch orientierten Kommunikationswissenschaft von heute heißt Interdependenz. Das bedeutet: Der Gedanke einer bloß einseitigen Prägung des Journalismus durch die Öffentlichkeitsarbeit wird als zu simpel verworfen. Es dominieren vielmehr Erklärungsansätze, die von einem wechselseitigen Abhängigkeitsverhältnis zwischen Journalismus und PR ausgehen. Demnach sind beide Disziplinen eng miteinander verflochten, profitieren wechselseitig voneinander und haben dadurch einen Teil ihrer Autonomie eingebüßt. Der Journalismus

[3] Baerns, Barbara: Öffentlichkeitsarbeit oder Journalismus? A.a.O., S. 87

[4] Vgl. Ruß-Mohl, Stephan: Spoonfeeding, Spinning, Whistleblowing. Beispiel USA: Wie sich die Machtbalance zwischen PR und Journalismus verschiebt. In: Rolke, Lothar/Wolff, Volker (Hg.): Wie die Medien die Wirklichkeit steuern und selbst gesteuert werden. Opladen/Wiesbaden 1999, S. 172

[5] Vgl. Barth, Henrike/Donsbach, Wolfgang: Aktivität und Passivität von Journalisten gegenüber Public Relations. Fallstudie am Beispiel von Pressekonferenzen zu Umweltthemen. In: Publizistik 37 (1992), Heft 2, S. 151 – 165

[6] Vgl. beispielsweise Saffarnia, Pierre A.: Determiniert Öffentlichkeitsarbeit tatsächlich den Journalismus? Empirische Belege und theoretische Befunde gegen die PR-Determinierungsannahme. In: Publizistik 38 (1993), Heft 3, S. 412 – 425

nehme dankbar Leistungen der PR entgegen – zum Beispiel die Vorselektion der Themen, die Vorformulierung von Meldungen, etc. –, um auf diese Weise Zeit und Geld zu sparen. Die PR wiederum strebe die größtmögliche Publizität ihrer Themen an, die sie mit Hilfe des Journalismus erreichen könne[7]. Trotz aller Verflechtungen handele es sich aber bei den Disziplinen Journalismus und Öffentlichkeitsarbeit um zwei getrennte Systeme, in denen jeweils auf der Basis einer ganz eigenen Handlungsrationalität agiert werde[8].

Andere Wissenschaftler erkennen den gleichen Zusammenhang, sprechen aber von Symbiose – und wählen damit einen Begriff aus der Biologie, der das enge Zusammenleben verschiedener Arten zum gegenseitigen Vorteil beschreibt[9]. Im Mittelpunkt dieses Modells steht ein intimes Tauschverhältnis zwischen Journalisten und PR-Schaffenden, das der Regel „Information gegen Publizität"[10] folgt. Am Beispiel der Beziehung zwischen Politikberichterstattern und politischer PR heißt das: Der Journalist ist von hochaktuellen, exklusiven oder hintergründigen Informationen abhängig, die Polit-PR erstrebt die Veröffentlichung bestimmter politischer Inhalte zu einem bestimmten Zeitpunkt. Beide ziehen aus der Tauschrelation wechselseitigen Nutzen, verlieren aber nicht ihre Identität – denn es geht um Symbiose, nicht etwa um Fusion[11].

Einen entscheidenden Schritt weiter geht das Modell der Intereffikation von Günter Bentele. Der Leipziger Wissenschaftler geht davon aus, dass sich Journalismus und PR wechselseitig ermöglichen[12]. Mit anderen Worten: Nach seiner Ansicht können die einen gar nicht ohne die anderen – die Journalisten brauchen zwingend die Angebote der Pressestellen, die PR-Branche ist entscheidend auf Medien als glaubwürdige Sprachrohre angewiesen, um ein möglichst breites Publikum zu erreichen. Das Modell geht dabei davon aus, dass die Annahme, dass die PR den Journalismus determiniert, nicht „falsch", aber zu einfach ist. Es gebe neben den Einflüssen, die von Seiten der PR auf den Journalismus wirken,

[7] Vgl. Marcinkowski, Frank: Interdependenz. In: Jarren, Otfried/Sarcinelli, Ulrich/Saxer, Ulrich (Hg.): Politische Kommunikation in der demokratischen Gesellschaft. Opladen/Wiesbaden 1998, S. 663

[8] Vgl. Jarren, Otfried/Donges, Patrick: Politische Kommunikation in der Mediengesellschaft. Eine Einführung. Band 2: Akteure, Prozesse und Inhalte. Wiesbaden 2002, S. 131 ff.

[9] Vgl. die Zusammenfassung bei Merten, Klaus: Mikro, Mikro-Makro oder Makro? Zum Verhältnis von Journalismus und PR aus systemischer Perspektive. In: Altmeppen, Klaus-Dieter/Röttger, Ulrike/Bentele, Günter (Hg.): Schwierige Verhältnisse. Interdependenzen zwischen Journalismus und PR. Wiesbaden 2004, S. 24

[10] Hoffmann, Jochen: Inszenierung und Interpenetration. Das Zusammenspiel von Eliten aus Politik und Journalismus. Wiesbaden 2003, S. 251 ff.

[11] Ebd. Vgl. auch Ruß-Mohl, Stephan: Symbiose oder Konflikt: Öffentlichkeitsarbeit und Journalismus. In: Jarren, Otfried (Hg.): Medien und Journalismus 1. Eine Einführung. Opladen 1994, S. 313 – 327

[12] Vgl. Bentele, Günter/Liebert, Tobias/Seeling, Stefan: Von der Determination zur Intereffikation. Ein integriertes Modell zum Verhältnis von Public Relations und Journalismus. In: Bentele, Günter/Haller, Michael (Hg.): Aktuelle Entstehung von Öffentlichkeit. Konstanz 1997, S. 225 – 250. Die Wortneuschöpfung „Intereffikation" wird dabei vom lateinischen „efficare" (möglich machen) abgeleitet.

auch gegenläufige Einflüsse, die zu untersuchen seien[13].
Das Modell unterscheidet daher zwei Grundbeziehungen: kommunikative Induktionen und Adaptionen. Induktionen werden dabei als „intendierte, gerichtete Kommunikationsanregungen oder -impulse" definiert, die zu „Kommunikationseinflüssen" werden können. Unter Adaptionen versteht das Modell „kommunikatives und organisatorisches Anpassungshandeln", das sich bewusst an der jeweils anderen Seite orientiert, um den Kommunikationserfolg der eigenen Seite zu erhöhen. Was heißt das konkret? PR-Induktionen sind beispielsweise Pressemeldungen oder Pressekonferenzen, mit denen Themen gesetzt und Zeitpunkte der Berichterstattung bestimmt werden sollen. Induktionsleistungen des Journalismus sind insbesondere Selektion, Gewichtung und Vervollständigung der PR-Informationen. *„Zu den Adaptionen des PR-Systems gehören Anpassungen an zeitliche, sachliche und soziale Regeln und Routinen des Journalismus"*, so Bentele. Die in dem Modell angenommenen Anpassungsleistungen des Journalismus an Vorgaben und Zwänge der Öffentlichkeitsarbeit wurden bislang kaum untersucht[14].
Die Kritiker dieses Modells bezweifeln, dass Journalismus ohne PR inzwischen ebenso undenkbar geworden ist wie PR ohne Journalismus. Sie erinnern deshalb zum einen an jene Öffentlichkeitsarbeit, die ihre Zielgruppen am Journalismus vorbei zu erreichen versucht – beispielsweise durch eigene Publikationen mit enorm hoher Auflage. Zum anderen betonen sie die Bedeutung des investigativen Journalismus. Das Intereffikations-Modell ziele augenscheinlich darauf, die PR wissenschaftlich aufzuwerten. Es beschönige deshalb das Verhältnis zwischen PR und Journalismus und bezwecke eine „grenzaufhebende Partnerschaftsideologie"[15]. Das Modell blende so gravierende Fehlentwicklungen und Fragen der Machtverschiebung in dem Beziehungsgeflecht zwischen Journalisten und Öffentlichkeitsarbeitern aus. Es sei – zugespitzt – „PR für PR"[16].

Auch andere Forscher zeigen sich skeptisch: „Die neuen Begriffe und Untersuchungsgegenstände – die umstrittenen Adaptionen des Journalismus an die PR-Arbeitsweisen beispielsweise oder die journalistischen Induktionen in Richtung der PR-Arbeit – konnten bisher nicht nachgewiesen werden und lassen so den Innovationsgrad des Modells wieder verblassen"[17], resümiert beispielsweise Felix Winnands. Das Zwischenfazit von Günter Bentele klingt anders: *„Eine wichtige Erkenntnis*

[13] Bentele, Günter: Intereffikationsmodell. In: Bentele, Günter/Fröhlich, Romy/Szyszka, Peter (Hg.): Handbuch der Public Relations. Wissenschaftliche Grundlagen und berufliches Handeln. Wiesbaden 2005, S. 209 ff.
[14] Ebd.
[15] Ruß-Mohl, Stephan: Spoonfeeding, Spinning, Whistleblowing. A.a.O., S. 170
[16] Ebd.
[17] Winnands, Felix: Unabhängiger Journalismus unter Einfluss? Zum Spannungsverhältnis von Journalismus und Public Relations in Deutschland. Diplomarbeit, Universität Siegen 2008, S. 43

bisheriger empirischer Studien im Gefolge der Arbeiten von Baerns konnte (...) bestätigt werden: ein starker PR-Einfluss."[18] Das Intereffikationsmodell habe sich bewährt, es werde von der Kommunikationswissenschaft als ein sinnvoller Ansatz wahrgenommen und sei in der Lage, weitere empirische Forschung zu stimulieren.

Das ist wohl eine vorsichtige Umschreibung von erheblichen Forschungslücken. Die Kommunikationswissenschaft hat also jetzt die Aufgabe, Argumente und Daten zu sammeln, die dieses Modell stützen oder in Frage stellen.

Die Nachricht des Tages? Der Supermarkt eröffnet.

„Trotz Baustelle: Heute eröffnet das Kaufland". Wer am 4. Mai 2006 die Waldeckische Allgemeine in die Hand nahm, konnte der Botschaft nicht entgehen. Die Schlagzeile und ein vierspaltiges Farbfoto des neuen Supermarktes beherrschten die Titelseite der Korbacher Lokalausgabe der Hessisch/Niedersächsischen Allgemeinen. Das Kaufland zwang Angela Merkels Besuch in Washington, einen Medizinerstreik und Verschärfungen der Hartz-IV-Regelungen auf den unteren Teil der Seite, die Nachrichten des Tages schrumpften zu Miniaturmeldungen. Doch das Handelsunternehmen hatte sich nicht etwa mit einer Anzeige an die Leser gewandt. Es war die Redaktion, die es schaffte, in 15 Zeilen über die Größe der Verkaufsfläche, das umfangreiche Sortiment, die Zahl der Parkplätze sowie über die genauen Öffnungszeiten zu informieren. Die PR-Abteilung des Unternehmens, das zum Lidl-Konzern gehört, konnte sich die Hände reiben.

Fälle wie dieser werden immer häufiger, heißt es. Aber stimmt dieser Vorwurf tatsächlich? Hat sich tatsächlich der Anteil der PR-Texte im redaktionellen Teil von Regionalzeitungen deutlich erhöht?

Der Leipziger Wissenschaftler Michael Haller ist diesen Fragen mit einer umfangreichen Studie nachgegangen. Im Mittelpunkt der Untersuchung standen insbesondere die Lokalteile sowie die Ressorts Auto und Reise von sechs Regionalzeitungen[19]. Geprüft wurden jeweils die Ausgaben des vierten Quartals der Jahre 2000, 2002 und 2004 auf PR-basierte Beiträge. Darunter verstand das Forscherteam „*Texte, die aus Sicht der Zeitungsleser von der Redaktion verfasst sind, die jedoch ein Thema, ein Produkt, eine Marke oder eine Dienstleistung einseitig positiv als Tatsache darstellen und keine diese positive Einschätzung überprüfende Recherche erkennen lassen.*"[20]

Die Hauptergebnisse: Der Trend zu mehr PR wurde klar bestätigt. Der Anteil der heiklen Beiträge im redaktionellen Teil nahm im Untersuchungszeitraum sowohl relativ als auch abso-

---

[18] Bentele, Günter: Intereffikationsmodell, a.a.O., S. 218

[19] Gegenstand der inhaltsanalytischen Erhebung waren drei Tageszeitungen aus den neuen Bundesländern (Sächsische Zeitung, Leipziger Volkszeitung, Magdeburger Volksstimme) sowie drei Tageszeitungen aus den alten Bundesländern (Kieler Nachrichten, Hamburger Abendblatt, Lübecker Nachrichten). Ermittelt wurden in den Ressorts Lokales, Wirtschaft, Auto und Reise insgesamt 3.290 PR-basierte Texte, pro täglicher Zeitungsausgabe im Schnitt 2,8 Texte. Vgl. Haller, Michael: PR basierte Zeitungsberichte. In: Message, Heft 3/2005, S. 16

[20] Haller, Michael/Hiller, Alexander: Basisnorm – Redaktionelle Unabhängigkeit. In: Message, Heft 3/2005, S. 15

lut deutlich zu, allerdings je nach Zeitung und nach Ressort unterschiedlich stark. Die Studie lieferte indes keinen Beweis für eine allumfassende Abhängigkeit des Journalismus von der PR. Der Anteil der PR-basierten Artikel blieb in allen Zeitungen unter 20 Prozent.

Die Ergebnisse im Detail: In den untersuchten Lokalteilen bot sich den Leipziger Forschern das folgende Bild: Im vierten Quartal 2000 war nur jeder 18. Text eindeutig PR-basiert. Gerade einmal vier Jahre später galt dies schon für jeden 11. Text – also für 9 Prozent. Michael Haller resümiert hierzu: *„Die für Glaubwürdigkeit und Leservertrauen maßgebliche journalistische Leistung wurde abgebaut.“*[21] Die Ressorts Auto und Reisen stehen bei vielen Medienkritikern in Verdacht, besonders anfällig für die Verlockungen der Public Relations zu sein. Die Leipziger Studie konnte dies für das Ressort Reisen bestätigen: Mit 20 bis 25 Prozent blieb der Anteil der PR-basierten Artikel über die Jahre bei fast[22] allen untersuchten Zeitungen unverändert hoch. Auf den Autoseiten der untersuchten Tageszeitungen bot sich ein heterogenes Bild[23]. Wie beurteilen die Chefredakteure der Tageszeitungen diese Entwicklung? Eine Befragung im Herbst 2002 zeigte, dass den Redaktionsleitern der deutschen Abonnementszeitungen die gegenwärtigen Gefahren für seriösen und unabhängigen Journalismus durchaus bewusst sind. Einerseits hielten die Befragten den althergebrachten Grundsatz der Trennung von redaktionellem Teil und Werbebotschaft für unverzichtbar. Andererseits nannten sie zahlreiche verlegerische und redaktionelle Strategien, die ihrer Ansicht nach momentan zu einer Aufweichung dieser wichtigen Grundnorm beitragen.

Auf Platz 1 der Rangliste lagen Kopplungsgeschäfte, bei denen einem Anzeigenkunden bei der Auftragserteilung ein redaktioneller Gefälligkeitsartikel versprochen wird. 44 Prozent der Chefredakteure hielten dies sogar für eine übliche Praxis. Auch die unredigierte Veröffentlichung werblich motivierter Pressemeldungen und die Platzierung von Anzeigen in einem thematisch passenden redaktionellen Umfeld zählten nach Ansicht der Befragten zu den wichtigsten Gefährdungen des Trennungsgrundsatzes[24]. Die Ergebnisse sind eine Warnung, die man ernst nehmen sollte.

[21] Haller, Michael: Kundendienst statt Journalismus? In: Message, Heft 3/2005, S. 17

[22] Nur die Kieler Nachrichten hatten deutlich weniger redaktionell getarntes Werbematerial für Reiseveranstalter oder Traumstrände in ihrem Blatt.

[23] Vgl. Haller, Michael: Kundendienst statt Journalismus?, a.a.O., S. 17 f. Während sich auf den Auto-Seiten in den Kieler Nachrichten und den Lübecker Nachrichten weniger PR-Artikel fanden, verfünffachte sich deren Zahl beim Hamburger Abendblatt auf rund 20 Prozent. Bei den drei ostdeutschen Tageszeitungen stieg der Anteil der einseitig lobenden Autoartikel unterdessen auf 12 Prozent.

[24] Die Studie war als Vollerhebung der publizistischen Einheiten in Deutschland angelegt, 59 Prozent der angeschriebenen Chefredaktionen antworteten. Die Verteilung nach Auflagenhöhe, nach überregionalem und regional-lokalem Verbreitungsgebiet sowie nach der Verteilung auf West- und Ostdeutschland war repräsentativ. Vgl. Baerns, Barbara/Feldschow, Monika: Der Trennungsgrundsatz. Relevanz und Umsetzung des Grundsatzes der Trennung von Werbung und redaktionellem Teil. In: Duve, Freimut/Haller, Michael (Hg.): Leitbild Unabhängigkeit. Zur Sicherung publizistischer Verantwortung. Konstanz 2004, S. 136 ff.

Humanitär embedded

Wie symbiotische Beziehungen zwischen Hilfsorganisationen und Medien Qualitätsjournalismus aushöhlen und interkulturelle Kommunikation behindern

Dr. Lutz Mükke

„Wie die heilige Schrift“ würden Presseerklärungen von Hilfsorganisationen und UN in deutschen Redaktionsstuben oft behandelt, erklärt ARD-Korrespondent Wim Dohrenbusch. Und in seinen Worten schwingt starker Unglaube mit. Denn im Gegensatz zu vielen Berufskollegen weiß Dohrenbusch, der jahrelang aus Afrika berichtete, welch enorme PR-Anstrengungen Hilfsorganisationen unternehmen, wie fragwürdig diese manchmal sind und wie das die Arbeit von Journalisten beeinflusst.

Dieser Beitrag soll erhellen, warum Journalisten zu oft dem moralisch-karitativen Saubermann-Image von Hilfsorganisationen folgen, wie sie deren PR-Strategien nutzen und sich für diese nutzbar machen. Die These ist: Hilfsorganisationen und Medien gehen oftmals derart symbiotische Verbindungen ein, dass dadurch kritisch-hintergründiger Journalismus behindert wird.

Für Hilfsorganisationen, die von privaten Spenden und Steuergeldern abhängig sind, ist die veröffentlichte Meinung von zentraler Bedeutung. Deshalb geben sie für ihre Medienperformance oft große Summen aus. Der Brite Roger C. Riddell (2007: 3ff), ein langjähriger Topmanager großer Hilfsorganisationen, beschreibt das zentrale Ziel der PR von Hilfsorganisationen so: Die Öffentlichkeit in den Geberländern muss an ein Funktionieren von Hilfe glauben. Je höher der Grad an öffentlicher Unterstützung sei, desto höher sei auch die Summe der zur Verfügung gestellten Hilfe. Für die Nachhaltigkeit von Mittelflüssen ist der nachhaltige Glaube an die Effizienz von Hilfe existenziell. Und Massenmedien und Journalisten spielen beim Vermitteln dieses Glaubens eine herausragende Rolle.

Riddell, übrigens ein starker Befürworter internationaler Hilfeleistungen, erklärt weiter: Sowohl offizielle Geber, UN als auch Hilfsorganisationen *„never really thought about coming forward and providing the public with a rounded view of the evidence of its impact“*. Anstelle einer offenen Kommunikation über Pro und Contra ihrer Arbeit und über den signifikant uneffektiven Anteil von Hilfeleistungen weiche die Hilfsbranche seit Jahrzehnten auf zwei PR-Strategien aus: Zum einen kommuniziert sie, dass ein Teil der Hilfe tatsächlich funktioniere, und zum anderen erklärt sie, Schritte würden unternommen, um Hilfe effizienter zu gestalten (ebd. 107-119).

Doch um die Bedeutung von Hilfsorganisationen verstehen zu können, ist es zunächst wichtig, einige Eckdaten zu ihrer Entwicklung und Arbeit aufzuzeigen. Das hilft, Hilfsorganisationen als das zu sehen, was sie auch und zunehmend sind – eine Industrie. Seit Beginn des 21. Jahrhunderts erlebt die Hilfsbranche ihren jüngsten rasanten Aufschwung, der sich deutlich an ihrer Budgethöhe darstellen lässt. 2005 erreichte die Summe der von Geberländern bereitgestellten Hilfsgelder das erste Mal die 100-Milliarden-Dollar-Grenze, vier Jahre zuvor war es nur rund die Hälfte (bemessen an finanzieller und technischer Hilfe der Öffentlichen Entwicklungszusammenarbeit, ODA). 2003 sammelten allein Nichtregierungsorganisationen (NGO) weltweit rund 15 Milliarden Dollar private Spenden. 2005 stieg diese Summe bereits auf 30 Milliarden an.

Die größten unter diesen Organisationen wie die US-amerikanische Cooparative for Assistance and Relief Everywhere (CARE) oder Catholic Relief Services haben Jahresbudgets von etwa einer halben Milliarde Dollar. Save the Children oder Oxfam verfügen jährlich über rund 300 Millionen Dollar und die Caritas oder Action Aid können auf Jahresbudgets von über 100 Millionen Dollar zurückgreifen. Jede dieser Organisationen arbeitet in mehr als 20 Ländern. Wie viele Hilfsorganisationen weltweit existieren, kann niemand sagen. Exakte Statistiken existieren nicht. Klar ist allerdings, dass etwa 500 nationale und internationale NGO rund 90 Prozent der gesamten NGO-Hilfsmittelausgaben kontrollierten (Riddell 2007: 48 ff.).

In der öffentlichen Wahrnehmung dominiert eine Reihe von zum Großteil moralischen Argumenten die (kaum) stattfindende öffentliche Debatte über Hilfe. Politiker als auch Vertreter der Hilfsbranche kommunizieren die Notwendigkeit zur Hilfe meist normativ, mit zu leistender Solidarität in Notlagen; als Reaktion auf extreme Armut, Not, Marginalisierung und Ausgrenzung anderer; um damit die Freiheit, Entwicklung, Menschenrechte sowie Potenziale der Menschheit zu fördern; um die wachsende Schere zwischen Arm und Reich zu überwinden; um die Umverteilung des Wohlstandes zu unterstützen oder um eine sicherere und friedlichere Welt zu schaffen... Viele Kehrseiten werden hingegen kaum je thematisiert. Auf nur zwei sei hier verwiesen: Zum einen kann Hilfe endogene Entwicklungsprozesse behindern, weil sie Unrechtsstaaten und ihre korrupten Eliten stützt und aus ihrer Verantwortung entlässt (Polman 2010, Mükke 2003). Zum anderen wurde Hilfe auch immer schon als strategisches Instrument eingesetzt, um geo- und außenpolitische und ökonomische Interessen durchzusetzen bzw. historische Abhängigkeiten, Beziehungen und Einflusssphären aufrechtzuerhalten. Bei der Vergabe von Hilfe greift seit der Vorkolonialzeit eine Konstante: Sie findet auch zum ökonomischen und politischen Vorteil der Geber statt. Ideologie und eigene kommerzielle Interessen sind konstante Vergabekriterien. Solche Interessen entscheiden häufig über das Wo

und Wie von Entwicklungszusammenarbeit und Nothilfe, siehe Afghanistan, Irak, Ruanda, Sudan oder die Schwerpunktförderung einiger Länder durch die Bundesregierung.
Meine Forschungen haben gezeigt, dass Journalisten, die häufig mit Hilfsorganisationen zu tun haben (Auslandsreporter und Korrespondenten), den Organisationen misstrauen. Stellungnahmen, Statistiken, Zahlenwerke, Berichte und Analysen von Hilfsorganisationen – insbesondere im Bereich der Katastrophenhilfe – beruhen demnach oft auf groben Schätzungen und Hochrechnungen, die von interessengeleiteter PR durchdrungen sind. Aus der Perspektive von Stefan Schaaf, als ARD-Korrespondent stationiert in Mittelamerika, zuvor in Südafrika, stellt sich das so dar: *„Im Halbjahresrhythmus habe ich miterlebt, wie dann die Pressemitteilung kommt: Südliches Afrika – 15 Millionen Menschen vom Hungertod bedroht. Da fragt man dann schon irgendwann mal nach: Wie kommt ihr denn überhaupt auf die Zahl? Davon bleibt bei genauerem Hinschauen nicht mehr viel übrig. Drei Monate später kommt dann die Meldung: ‚Ja, es war gar nicht so schlimm.' Auch gut für die NGOs. Oder: ‚Gott sei Dank haben wir rechtzeitig gewarnt.'"* Er sei deshalb im Verlaufe der Zeit sehr vorsichtig geworden.

Solche oder ähnliche Erfahrungen machen Korrespondenten immer wieder, sei es mit Aids-Statistiken, Angaben über Hungersnöte oder Zahlen von Kriegsopfern und Flüchtlingen. Insbesondere Afrika bietet sich für solche Zahlenschachereien an. Denn hier finden sich selten unabhängige Erhebungen. Der PR von Hilfsorganisationen öffnet das Tür und Tor. So erlangt PR von Hilfsorganisationen in den Geberländern weitgehende Deutungshoheiten über das Image ferner Weltregionen.

Heimatredaktionen ist die Gefahr dagegen kaum bewusst, besonders in Notsituationen für PR-Zwecke und Kampagnen der Hilfsbranche instrumentalisiert zu werden (Mükke 2009). Der Bochumer Soziologieprofessor Wolff (2005) kritisiert, Hilfsorganisationen präsentierten häufig nur kurzfristige Analysen von Entwicklungen, die die Dynamik der Welt und Langfristentwicklungen ausblenden; erklärten Einzelfälle und Situationen häufig als repräsentativ; legten für Wohlstandsvergleiche oft irrelevante Zahlen zugrunde; verletzten Elementarmathematik und -statistik und proklamierten von vornherein unrealistische Entwicklungsziele, deren Nichterreichung man dann anprangere.

Andere Forscher kommen zu dem Ergebnis, dass von einem Zusammenhang zwischen der zunehmenden Berichterstattung über Katastrophen und Kriege, dem steigenden Spendenaufkommen der Hilfsbranche und der professionalisierten PR der Hilfsindustrie auszugehen ist. Denn eines haben Medien und Hilfsbranche gemeinsam: Sie leben von den großen Ks – den Krisen, Kriegen, Katastrophen. Von besonderem Interesse sind dabei dramatische Bil-

der und Katastrophenbeiträge in den Hauptnachrichtensendungen oder auf Titelseiten – sie sichern den Medien Quoten und Auflage und den entsprechenden Spendenkampagnen Erfolge (Mükke 2009, Michler 1991).
Hilfsorganisationen und UN beeinflussen die Arbeit von Journalisten auf drei Ebenen: auf der organisatorisch-logistischen, der inhaltlich-informatorischen sowie auf der ökonomischen Ebene. Im Folgenden werden diese drei Ebenen skizziert.

Die organisatorisch-logistische Ebene

Besonders in schwer zugänglichen Katastrophen-, Krisen- und Kriegsgebieten sind Hilfsorganisationen für die Arbeit von Journalisten wichtig. Sie sind nützlich bei Einreiseformalitäten, Transport (Flug, Auto), Sicherheit, Unterbringung, Versorgung oder Bereitstellung von Kontakten. ARD-Korrespondent Dohrenbusch: *„Die UN ist manchmal die einzige Chance, überhaupt von A nach B reisen zu können. Wenn das World Food Programm sagt, komm mit auf den Flieger in den Sudan. Die Alternative wäre, irgendwo zu warten, um ein Auto oder einen Lkw in die jeweilige Region zu bekommen, in die dann die Fahrt möglicherweise eine Woche dauert.“*

Oft ist es sowohl zeitlich als auch finanziell für Journalisten effizient, Logistik, Infrastrukturen und Einladungen von Hilfsorganisationen zu nutzen. Diese kennen sich am Ort des Geschehens oft gut aus, sind in lokale und nationale Netzwerke eingebunden und ermöglichen Journalisten gegebenenfalls Zugang zu Schlüsselfiguren, Entscheidungsträgern und zur Nomenklatur des jeweiligen Landes.
Solche Türöffnerservices nutzen Journalisten gern. Fest angestellte, mit Reisebudgets ausgestattete Journalisten haben dabei gegenüber frei arbeitenden allerdings deutliche „Unabhängigkeitsvorteile“. Sie reisen weniger humanitär embedded. Freie hingegen sind wegen ihrer limitierten und drastisch fallenden Budgets oft auf Hilfsorganisationen angewiesen, wenn sie etwa in Krisengebiete kommen wollen und ihnen keine Redaktion die Reise bezahlen will.

Die inhaltlich-informatorische Ebene

In den Geberländern besitzt die Hilfsbranche nach wie vor starke Deutungshoheiten darüber, wie die Länder des Südens wahrgenommen werden. Ein Grund: Im Vergleich zur Hilfsindustrie liefern andere potenzielle Informationssysteme wie Politik, Wirtschaft oder Wissenschaft vergleichsweise wenig Informationen zu dortigen Geschehnissen und Entwicklungen.
So geben beispielsweise 80 Prozent der von mir befragten Afrika-Korrespondenten an, „häufig“ direkt auf UN- und Hilfsorganisationsmitarbeiter als Quellen zurückzugreifen. 90 Prozent nutzen Informationsangebote von Hilfsorganisationen und UN wie den UN-Informationsdienst IRIN, wo sich von der Pressemit-

teilung über Expertenberichte bis hin zu fertigen Filmen, Hörfunkbeiträgen und reichhaltigen Fotoportfolios alles findet. Selbstverständlich kostenlos. Wissenschaftler oder Unternehmer spielen eine weit geringere Rolle als Quellen.

Eine spezielle Form von PR sind Welttage. Rund drei Viertel der von mir befragten Korrespondenten erklären, dass an Tagen wie dem Weltaids-, Welthunger- oder Weltwassertag die Nachfrage der Abnehmerredaktionen zu den entsprechenden Themen deutlich steige. Welttage sind als feste Größen in den Kalendern von Abnehmerredaktionen etabliert und generieren alle Jahre wieder, automatisch und fortlaufend Aufmerksamkeit. Knapp zwei Drittel der befragten Korrespondenten meinen, dass Afrika als „Illustrationskontinent für alle großen Menschheitsplagen herhalten" müsse. Welttage spielen dabei eine wichtige Rolle. Allein die UN und ihre Unterorganisationen haben derzeit etwa 70 internationale Welttage etabliert. Ziel dieser Tage ist es, Themenagenden zu setzen, regelmäßig Öffentlichkeit für ihre spezifischen Anliegen zu generieren und diese Pseudo-Ereignisse zum Marketing und Fundraising in eigener Sache zu nutzen.

Die ökonomische Ebene

Fehlende Einnahmen führen besonders unter freien Korrespondenten und Reportern zu zwei Entwicklungen: Erstens nehmen sie häufiger Reiseangebote der Hilfsorganisationen in Anspruch, die entweder günstig, teil-, voll- oder durch Gegengeschäfte finanziert sind. Zweitens führen ökonomische Zwänge dazu, dass Kollegen verstärkt parallel für Hilfsorganisationen arbeiten. Die Tätigkeiten, die Korrespondenten für Hilfsorganisationen erledigen, reichen dabei vom Verfassen von Texten aller Art, über das Produzieren von Filmen, Fotografieren, dem Erstellen von Expertisen bis hin zur Gestaltung von kompletten Imagebroschüren. Jeder vierte der befragten Korrespondenten gibt an, solche Arbeiten parallel zur Korrespondententätigkeit auszuführen. Dieser Wert dürfte in Wahrheit jedoch höher liegen. Falschaussagen in den entsprechenden Interviews lassen sich bereits durch wenige Klicks im Internet belegen.
Zu fragen bleibt, wie sich das Genannte in der Berichterstattung niederschlägt? Die Antwort ist: Sehr deutlich! In der von mir analysierten deutschen Afrika-Berichterstattung (30 Prozent aller weltweit vergebenen Hilfsgelder fließen in diese Weltregion) sind 20 Prozent aller Quellen Hilfsorganisationen, wobei diese – im Gegensatz zu afrikanischen Akteuren – meist positiv dargestellt werden, oft als die guten Helfer in den Themenspektren Katastrophen, Krisen, Kriege und Krankheiten. Bis zu 50 Prozent der von mir untersuchten 1.055 Afrika-Beiträge sind diesem Themensegment zuzurechnen.
Das Interesse an atemberaubender Brennpunktberichterstattung ist bedeutend größer als an analytischer Aufklärung und Hintergründen von Notlagen. Hier kommt es zu Rückkoppelungen

zwischen beiden Branchen. Denn Hilfsorganisationen haben das Problem, dass ihre Arbeit, die sie in langfristig angelegten oder in für medial evtl. unattraktiven Projekten leisten, bei Massenmedien kaum Beachtung finden. Diese Beachtung brauchen sie jedoch, unter anderem um Belege für ihre Tätigkeiten zu erbringen und/oder um Spenden zu generieren. Auch Themen und Beiträge, die sich hintergründig mit Hilfsorganisationen selbst und deren Arbeit beschäftigen, sind in deutschen Redaktionsstuben schwer abzusetzen, denn sie sind politisch, komplex, in fünf Minuten nicht zu erzählen und müssten sich eventuell sogar intellektuellen und philosophischen Debatten widmen. Selbst akute Not- und Katastrophenlagen müssen erst ein bestimmtes Eskalationsmaß erreicht haben, bevor Medien bzw. Journalisten sie überhaupt aufgreifen. Zudem stehen akute Notstände auch im kontinentalen und globalen Wettbewerb untereinander um Sende- und Abdruckplätze. Selten bekommen zwei Katastrophen gleichzeitig erhöhte Medienaufmerksamkeit.

Zum Teil erklärt das, warum die Hilfsindustrie sich verstärkt Not- und Katastrophenhilfe zuwendet und hier ihre PR-Arbeit zunehmend professionalisiert. An den PR-Schaltstellen wimmelt es von hochkompetenten ehemaligen Reportern und Korrespondenten, die geschickt ihre Botschaften in den Medien zu platzieren wissen. Angst und Mitleid, zwei der stärksten menschlichen Emotionen, spielen dabei eine zentrale Rolle. Das nutzen Kommunikationsexperten beider Branchen. Hilfsorganisationen folgen damit den Nachrichtenauswahlkriterien von Massenmedien, die zur Skandalisierung, zum Negativismus und zum Katastrophismus neigen. Massenmedien erwecken ihrerseits häufig den Eindruck, dass selbst sich langfristig anbahnende Katastrophen wie Hunger oder Kriege unerwartet und abrupt eintreten. Damit schaffen sie sich einen Teil des Nachrichtenwertes selbst, den sie zum Verkauf ihrer Informationen benötigen. Das Abrupte, das Plötzliche, die Überraschung, das Sensationelle tritt in den Vordergrund. Der kurze, martialische mediale Hilfeschrei ist gefragt, weniger die hintergründige Analyse.

Charity und Prominente

Bob Geldorf, Bono, Herbert Grönemeyer – dass Prominente und Charity fest in die PR-Arbeit von Hilfsorganisationen verwoben sind, ist offensichtlich. Doch nicht nur Stars engagieren sich für die „gute Sache“. Auch prominente deutsche Journalisten und Fernsehmoderatoren sind dabei. Sie sind gleichzeitig für Hilfsorganisationen tätig – dieses Phänomen verdeutlicht die Ausmaße der Symbiose zwischen Medien und Hilfsbranche. Ellenlang ist die Liste derer, die sich hier engagieren, unter ihnen Sandra Maischberger für Ärzte ohne Grenzen, Maybrit Illner für das Deutsche Rote Kreuz, Ulrich Wickert für die Kinderhilfsorganisation Plan International, Sabine Christiansen als Unicef-Botschafterin oder Anne Will für „Gemeinsam für Afrika". Mit ihren Namen, ihren Gesichtern und ihrer in der Öffentlichkeit erworbenen Glaubwürdigkeit stärken sie so das Image von Hilfsorganisationen und machen sich mit dem „Guten" gemein. Eine Fallstudie der Leipziger Journalistik zeigt, dass Berichterstattung über Projekte, bei denen so prominente Kollegen Pate stehen, kritikfrei und unreflektiert ist. Eine Studie der Humboldt-Universität Berlin kommt gar zu dem Ergebnis, dass die häufigsten Anstöße für Spendensendungen aus dem redaktionellen Bereich von Rundfunksendern oder von TV-Produktionsfirmen stammen, oft auf Initiative einzelner Redakteure (Müllerleile 2005)

Ein kurzer Ausblick: In den Redaktionen macht sich, so meine Beobachtung, seit etwa fünf Jahren zunehmend Skepsis gegenüber PR von Hilfsorganisationen breit. Das ist bitter nötig. Denn zum einen läuft die Hilfsbranche selbst Gefahr, bei Spendern und Journalisten zunehmend an Glaubwürdigkeit zu verlieren. Sie muss aufhören, die Wirklichkeit im Sinne eigener ökonomischer und institutioneller Interessen durch PR zu verzerren. Zum anderen muss der Journalismus sich im Bereich der humanitären Katastrophen professionalisieren. Alles steht und fällt mit kompetenten Journalisten und der Zeit und dem Geld, das man ihnen für unabhängige Recherchen überlässt.

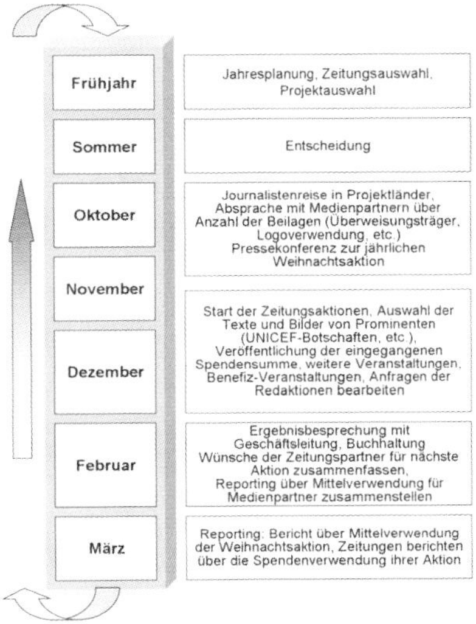

Wie Unicef Medienpartnerschaften plant (nach Rusyniak 2000: 64)

Ausgewählte Literatur

The Human Security Report (2005): www.hsrgroup.org/human-security-reports/human-security-report.aspx. Zugegriffen am 12. März 2011.

Mükke, L. (2001): Damit die Spenden fließen. Message, Internationale Zeitschrift für Journalismus, 1, 66-70.

Mükke, L. (2003): Der inszenierte Hunger. Die Zeit, 17, 14-17.

Mükke, L. (2009): ‚Journalisten der Finsternis. Akteure, Strukturen und Potenziale deutscher Afrika-Berichterstattung. Köln: von Halem.

Müllerleile, C. (2005): Spendensendungen und Spendenabwicklungspraxis der öffentlich-rechtlichen Rundfunkanstalten in Deutschland. http://www.institut.maecenata.eu/resources/2005_Opusculum16.pdf. Zugegriffen: 12. März 2011.

Riddell, R. (2007): Does foreign aid really work? Oxford: Oxford University Press.

Rusyniak, M. (2000): Einfluß von Medienpartnerschaften auf die Berichterstattung der Tagespresse. Eine Untersuchung zu Öffentlichkeitsarbeit des Deutschen Komitees für UNICEF. Berlin, Freie Universität Berlin.

Schönherr, S. (2001): Wirkungen der Entwicklungshilfe auf den Wirtschaftsstandort Deutschland. epd-Entwicklungspolitik, 7, 30-34.

Schönherr, S.; Blau, H.; Taube, M. & Vogler-Ludwig, K. (1999): Die Auswirkungen der Entwicklungszusammenarbeit auf den Wirtschaftsstandort Deutschland, Forschungsberichte des Bundesministeriums für wirtschaftliche Zusammenarbeit und Entwicklung 124, München, Bonn, London: Weltforum.

Wolff, J. H. (2005): Entwicklungshilfe: ein hilfreiches Gewerbe? Versuch einer Bilanz. Münster: Lit.

Vor verschlossenen Türen

Wie die Corporate-Publishing-Branche einen jungen Forscher, der einen Blick hinter die Kulissen werfen wollte, abblitzen ließ

Steffen Armbruster

Wenn die Corporate-Publishing-Branche wirbt, ist viel vom Journalismus die Rede. „*Wir glauben, dass die Möglichkeiten journalistischer Unternehmenskommunikation noch nicht ausgeschöpft sind – für uns nicht, vor allem aber auch für unsere Kunden nicht*“, sagt beispielsweise Soheil Dastyari, Geschäftsführer von G+J Corporate Editors, einer Corporate-Publishing-Tochter von Gruner+Jahr in Hamburg. Die Stärken seines Unternehmens lägen „*in der journalistischen, inhaltlichen Kompetenz und der Nähe zu weiteren Kompetenzen und Ressourcen eines starken Verlags*“, sagte er unlängst einem Branchenmagazin. Auch die Konkurrenz setzt auf Journalisten als Garanten für gelungene Unternehmenskommunikation. So verspricht beispielsweise die SV Onpact GmbH, eine Tochterfirma des Süddeutschen Verlags in München, ihren Kunden: „*Wir können auf das Autorennetzwerk des Verlages ebenso zurückgreifen wie auf die Fachautoren der Fachinformationsverlage oder von Fernseh-, Hörfunk- und Internetproduktionen.*“ Wenn die Corporate-Publishing-Töchter anderer Verlage – seien es Burda, der Zeit-Verlag, die Frankfurter Allgemeine Zeitung oder die Verlagsgruppe Handelsblatt – ihre Dienstleistungen anpreisen, klingt es ganz ähnlich.

Sind das lediglich Werbesprüche, mit denen die Corporate-Publishing-Firmen vom Renommee der Verlagshäuser profitieren wollen? Oder zeigen die Äußerungen, dass die Grenzen zwischen Journalismus und Corporate Publishing (CP) verschwimmen? Was passiert in diesen Redaktionen, die Magazine im Auftrag großer Unternehmen oder Verbände produzieren? Wie arbeiten die Redakteurinnen und Redakteure, wie recherchieren sie, welche Rolle spielt der Kontakt zum Kunden – und wie entstehen die Texte, von denen manche behaupten, sie seien Journalismus, tatsächlich?

Diese Fragen wollte ich in meiner Diplomarbeit an der Universität in Eichstätt klären. Denn vieles über die CP-Branche liegt noch im Dunkeln. Studien stammen oft aus den eigenen Reihen, die Wissenschaft beachtete den Forschungsgegenstand bislang eher selten. Für meine empirische Untersuchung wählte ich die Methode der teilnehmenden Beobachtung. Nur so kann der Entstehungsprozess von journalistischen oder Corporate-Publishing-Produkten aus nächster Nähe betrachtet werden. Durch eine Befragung hätte ich lediglich erfahren können, wie die Befragten über bestimmte Dinge denken, nicht jedoch, wie sie tatsächlich handeln. Der teilnehmenden Beobachtung geht es darum, alltägliches Handeln zu systematisieren. Konkret heißt das: Ich sitze als Forscher mitten unter den Handelnden, beobachte ihre Tätigkeiten und finde so beispielsweise heraus, wie lange sie für einen Text recherchieren und wie das genau geschieht.

Mit großen Problemen rechnete ich nicht. Aus Untersuchungen in journalistischen Redaktionen war bereits bekannt, dass es durchaus möglich war, direkt vor Ort zu forschen und die Redakteure bei der Arbeit zu beobachten. So bekam beispielsweise Klaus-Dieter Altmeppen 1997 Einblick in die redaktionellen Abläufe bei fünf privatkommerziellen Hörfunksendern. Eine aktuelle und sehr umfangreiche Beobachtungsstudie stammt aus Leipzig: Hier beobachteten Forscher um Marcel Machill den Arbeitsalltag von 235 Journalisten von 34 Medienangeboten mit Blick auf die Internet-Recherche. Zwar beschreiben die Wissenschaftler die Akquise von Kooperationspartnern als „sehr langwierig und aufwändig", es sei viel Überzeugungsarbeit erforderlich gewesen[1]. Letztlich konnten die Forscher aber bei insgesamt 13 Tageszeitungen, fünf öffentlich-rechtlichen Hörfunk-Sendern, drei privaten Hörfunk-Sendern, drei öffentlich-rechtlichen Fernseh-Sendern, vier privaten Fernseh-Sendern und sechs Online-Angeboten die Tätigkeit der Journalisten an ihrem Arbeitsplatz beobachten. Die Corporate-Publishing-Branche war jedoch nicht so offen wie ursprünglich erwartet. Im Gegenteil: Fast wäre meine Diplomarbeit vor den verschlossenen Türen der einschlägigen Redaktionen deutscher Verlage gescheitert.

Absagen, Absagen, Absagen

In einem ersten Schritt richtete ich meine Anfrage per Brief an die Geschäftsführer oder Redaktionsleiter der größten und wichtigsten CP-Redaktionen in Deutschland: *„Wie sind Prozesse in den Redaktionen organisiert und strukturiert? Wie werden die Publikationen großer deutscher Verlage konzipiert, recherchiert, produziert? Diese Fragen möchte ich mit Hilfe von Redaktionsbeobachtungen beantworten, dazu bitte ich Sie herzlichst um Ihre Unterstützung."*

Die Absage von G+J Corporate Editors kam prompt: *„Leider müssen wir Ihnen mitteilen, dass ein Redaktionsbesuch von zwei Wochen zur Zeit nicht möglich ist"*, schrieb man mir. In einem Telefonat und einer Email warb ich noch einmal für mein Vorhaben, schlug Termine in den kommenden drei Monaten vor, sicherte

[1] Marcel Machill/Markus Beiler/Martin Zenker (2008): Journalistische Recherche im Internet. Bestandsaufnahme journalistischer Arbeitsweisen in Zeitungen, Hörfunk, Fernsehen und Online. Vistas-Verlag Berlin, S. 72

Verschwiegenheit über interne Prozesse zu und bot sogar eine Anonymisierung des Unternehmens an. Ohne Erfolg.

Eine Absage erhielt ich auch bei der „medienfabrik“ in Gütersloh, einer CP-Tochter der Arvato-Sparte der Bertelsmann AG. „Es geht hier um betriebsinterne Abläufe, von denen wir nicht wollen, dass sie nach außen getragen werden“, hieß es zur Begründung. Die internen Prozesse seien im Wandel, es sei daher keine Zeit, sich um einen Forscher zu kümmern. *„Wir kommen da nicht zusammen“* – ein Nein auch bei Facts & Figures, einem Unternehmen der Gruner+Jahr Wirtschaftsmedien in Hamburg. Absagen kassierte ich ebenso bei Tempus Corporate – einem Unternehmen des Zeit-Verlags –, beim FAZ-Institut – der CP-Tochter der Frankfurter Allgemeinen Zeitung GmbH –, von der CP-Abteilung der Spektrum des Wissens Verlagsgesellschaft sowie bei der Trurnit-Gruppe in München, an der der WAZ-Konzert beteiligt ist. Grund: ein interner Umzug. Bei „corps“, einem Unternehmen der Verlagsgruppe Handelsblatt, schrieb man mir: „Wir können nicht das leisten, was Sie sich erhoffen. Das würde unseren Arbeitsprozess doch zu sehr aufhalten.“

Burda Yukom Publishing war zunächst interessiert, bot dann aber nur ein Interview an. Da ich aber weiter auf die Redaktionsbeobachtungen setzte, sicherte ich auch hier wieder Verschwiegenheit über die internen Absprachen mit Kunden zu und erklärte ausführlich mein Forschungsvorhaben. Wichtig für mich sei es, Daten zu sammeln, die etwas darüber aussagen, wie die Redakteure im Corporate Publishing arbeiten. Dass sie beispielsweise mit einem Kunden eine Absprache über den Inhalt eines Textes treffen – jedoch nicht, was diese Absprache im Detail beinhaltet. Überzeugen konnte ich Burda Yukom nicht. Es bleibe dabei, eine Redaktionsbeobachtung sei nicht möglich, auch zu einem späteren Zeitpunkt nicht. *„Es ist viel im Umbruch“*, hieß es zur Begründung.

Nach neun Absagen schien die Forschungsarbeit zu scheitern. Die angeführten Gründe für die Absagen überzeugten mich fast nie, sie klangen für mich oft nach Vorwand. Nach meinem Eindruck wollten sich die Redaktionen nicht in die Karten blicken lassen. Die Konkurrenz ist groß. Bedenken wurden geäußert, es könnten Rückschlüsse gezogen werden, wie beispielsweise mit Kunden verhandelt wird. Ich machte deutliche Zugeständnisse, doch die Ablehnung blieb. Meine Versuche zeigten: Es macht offenbar einen deutlichen Unterschied, ob die Verantwortlichen in Interviews Auskunft geben – oder einen Forscher die Abläufe genau beobachten lassen sollen.

63 Stunden Dauerbeobachtung

Dass die Diplomarbeit doch noch entstehen konnte, verdanke ich Hartmut Rätsch. Das sei alles kein Problem, antwortete der Redaktionsleiter von SV

Onpact des Süddeutschen Verlags, als ich meine Anfrage an seine Redaktion richtete. Zwar sei man eine vergleichsweise kleine CP-Redaktion, aber gerne bereit, mir Einblick zu gewähren. Rätsch fand das Projekt von Anfang an spannend, wollte selbst mehr über seine Redaktion erfahren. Ich verfolgte seine Arbeit als Redaktionsleiter fünf Tage lang, jede Minute seines Arbeitstags dokumentierte ich akribisch. Weitere fünf Tage dokumentierte ich die Arbeit der Redakteure. „Mein Schatten" – diesen Spitznamen gaben sie mir bereits in den ersten Stunden.

SV Onpact ist ein einhundertprozentiges Tochterunternehmen des Süddeutschen Verlags und im selben Gebäude untergebracht wie die journalistischen Redaktionen der Süddeutschen Zeitung oder des SZ-Magazins. Lediglich einige Stockwerke liegen dazwischen. Für SV Onpact arbeiten rund 30 festangestellte Mitarbeiter. Das Unternehmen produziert klassische Kundenmagazine – zum Beispiel für Krankenkassen oder den Umweltverband WWF – ebenso wie das SZ-Supplement „LUX – Das Magazin für intelligente Energie", bei dem die Deutsche Energie-Agentur GmbH als Mitherausgeber fungiert. Die pro Jahr erreichte Gesamtdruckauflage aller Hefte aus der SV Onpact-Redaktion liegt bei über acht Millionen Exemplaren. Das Unternehmen macht jedoch nicht nur Corporate Publishing, sondern bietet auch die Erstellung von Online-Konzepten und strategische Kommunikationsberatung an, unter anderem für den Videospielhersteller Nintendo Europe und mehrere IT-Firmen.

Ich saß schließlich rund 63 Stunden mit dem Computer auf den Knien hinter den Mitarbeitern der Redaktion und schaute ihnen bei der Arbeit über die Schulter. Vorher hatte ich unterschiedlichen Handlungen Zahlencodes zugeordnet. Wenn der Redakteur dann beispielsweise im Internet für einen Artikel recherchierte, notierte ich in einer Excel-Datei nicht nur die Uhrzeit, sondern auch den Code 112. Wenn eine E-Mail verfasst wurde, die 401. So konnte ich später genau sagen, wie viel Zeit für welche Tätigkeit verwendet wurde. Die Ergebnisse zeigen, dass Corporate Publishing nicht viel mit Journalismus zu tun hat.

Die Ergebnisse im Detail: Der Kunde hat das letzte Wort

- Die Redaktion von SV Onpact ist einer klassischen deutschen Zeitungsredaktion in ihrer Organisation recht ähnlich. Es gibt einen Leiter, der eher koordinierende Aufgaben erfüllt, sowie Redakteure, die für die Produktion der Magazine zuständig sind. Der wichtigste Unterschied zu einer journalistisch arbeitenden Redaktion: Die Sonderstellung des Auftraggebers des Heftes als Quasi-Chefredakteur des Kundenmagazins. Die Unternehmen oder Verbände bezahlen für ihr Magazin und haben daher auch das letzte Wort über Inhalt und Form der Publikation.

- Das zeigt sich insbesondere in der intensiven Kommunikation mit den Kunden. So wendete der Redaktionsleiter für Gespräche mit den Auftraggebern rund 25 Prozent der beobachteten Arbeitszeit auf. Hierzu zählte die Pflege bestehender Kontakte ebenso wie die Akquise möglicher neuer Kunden. In der restlichen Arbeitszeit wurde organisiert, koordiniert, delegiert.

- Auch die Redakteure stehen in intensivem Kontakt zu den Kunden (11,5 Prozent der Arbeitszeit). In den Gesprächen ging es insbesondere um inhaltliche und formale Detailfragen. Von journalistischer Unabhängigkeit keine Spur: Texte werden inklusive Layoutvorschlag an den Kunden gesendet, mit der Bitte um Korrekturen und Änderungsvorschläge. Oft sind hier die Presseabteilungen der Unternehmen federführend und fungieren als eine Art externe Chefredaktion des Magazins. Die Redakteure arbeiten also in enger Absprache mit den Kunden.

- Die Auftraggeber beeinflussen auch die Recherche für Corporate-Publishing-Artikel. Hier werden beispielsweise Gesprächspartner bestimmt oder Studien vorgegeben. Die CP-Redakteure recherchieren (11,5 Prozent der Arbeitszeit) und texten (25 Prozent der Arbeitszeit) also unter der Beobachtung der Herausgeber. Das wichtigste Recherchewerkzeug war eindeutig das Internet.

- Die CP-Redakteure sind nach den Ergebnissen der Beobachtung auch für Eigen-PR verantwortlich: Um in anderen Medien auf das redaktionell betreute Kundenmagazin aufmerksam zu machen, widmeten sie sich in rund elf Prozent der beobachteten Arbeitszeit der Pressearbeit – die damit fast ebenso bedeutend ist wie die Recherche (11,5 Prozent der Arbeitszeit).

- Geplant war ursprünglich, die Ergebnisse von insgesamt sechs Wochen Beobachtung in drei unterschiedlichen Corporate-Publishing-Redaktionen miteinander zu vergleichen. Die Verschlossenheit der Branche verhinderte dies. Allerdings führten die Beobachtungen bei SV Onpact zu Ergebnissen, für die es bislang noch keine empirischen Belege gab. In der Gesamtschau bestätigen sie eine Einschätzung von Hartmut Rätsch, dem Redaktionsleiter von SV Onpact. Er sagt: *„Journalismus funktioniert im CP nicht. Das ist eine große Lüge. Man macht CP nach journalistischen Darstellungsformen, aber Journalismus ist das nicht. Wenn das jemand behauptet, frage ich, welchen Kunden er hat.“*

Wenn Journalisten PR machen: Corporate Publishing
Ergebnisse einer aktuellen Studie

Dennis Reineck

„Statt wie bisher immer weiter ins Umland zu wuchern, kann Stuttgart in seiner Mitte wachsen", verheißt ein journalistisch aufgemachter Artikel. *„Bislang endet die City abrupt am bestehenden Hauptbahnhof – mit Stuttgart 21 kann sie sich weit darüber hinaus nach Norden ausdehnen."* Erschienen ist das sechsseitige Stuttgart 21-Feature in Ausgabe 11/2010 der „DB mobil", einer Kundenzeitschrift der Deutschen Bahn. Der Autor rollt die Geschichte des Großprojekts auf, nennt Kennzahlen, die die Größenordnung deutlich machen sollten, porträtiert Architekt Christoph Ingenhoven und interviewt Projekt-Befürworter Stefan Mappus, den damaligen Ministerpräsidenten von Baden-Württemberg. Kein Wort erfährt der Leser hingegen von den Protesten, die Stuttgart 21 seit dem ersten Spatenstich begleiteten.

Der Artikel ist ein besonders anschauliches Beispiel dafür, dass Kundenmagazine PR im Deckmantel des Journalismus betreiben, wie es die Wissenschaftler Kurt Weichler und Stefan Endrös einmal ausgedrückt haben. „Deckmantel" – das klingt nach Unaufrichtigkeit, nach heimlicher Beeinflussung der Leser. Ob auch die Macher der Kundenmagazine und die Branchenvertreter des Corporate Publishing (CP) ihre Tätigkeit derart beschreiben? Wie sehen sie sich selbst, wo ziehen sie die Grenze zwischen Journalismus und PR?

Um diese Fragen zu beantworten, wurden für eine Untersuchung im Master-Studiengang „Journalistik und Kommunikationswissenschaft" an der Universität Hamburg zwölf Redaktionsleiter, Geschäftsführer und Verbandsvertreter aus der Corporate-Publishing-Branche befragt[1]. Dabei kamen unter anderem Verantwortliche aus großen Verlagshäusern wie Gruner+Jahr, Hoffmann und Campe sowie Burda zu Wort, denn längst sind die meisten Publikumszeitschriftenverlage auch im Kundenmagazingeschäft engagiert.

Was ist Corporate Publishing?

Die Interviews zeigen: Corporate-Publishing-Macher haben ein gespaltenes Verhältnis zur eigenen Tätigkeit. Einer-

[1] Die Interviews führten Lina Beyer, Heiko Görtz, Hannes Holtermann, Lukas Lauterbach, Sara Marei. Die gesamte Studie ist unter dem Titel „Corporate Publishing: PR als Journalismus" erschienen. Sie enthält über die hier dargestellten Ergebnisse hinaus auch einen Überblick über die Entwicklung der Branche, Interviews mit CP-Redakteuren sowie einen inhaltsanalytischen Vergleich zwischen Kunden- und Publikumszeitschriften. Online ist sie abrufbar unter: http://www.wiso.uni-hamburg.de/fileadmin/sowi/journalistik/PDFs/Studie_Corporate_Publishing_online.pdf

seits wehrt man sich dagegen, als „Schmuddelkind“ der Magazinbranche behandelt zu werden, andererseits gesteht man ein, dass man zumindest anders ist als die herkömmlichen Publikumsmedien.

Bernd Ziesemer, Geschäftsführer von Hoffmann und Campe Corporate Publishing, formuliert es so: Corporate Publishing ist „journalistische Kommunikation im Auftrag eines Unternehmens“. Dabei bediene man sich „der gesamten Palette journalistischer Darstellungsformen“. Den Zweck dieser Anlehnung an journalistische Genres beschreibt „DB mobil“-Chefredakteur Jan Spielhagen: Die Leser fühlten sich unterhalten und *„(...) weil sie sich gut unterhalten fühlen, blättern sie um und merken gar nicht, dass sie in einem PR-Thema der Bahn gelandet sind“*. Die Kommunikation sei *„um so wirksamer, je konsequenter und sogar klassischer die journalistische Form ist“*, so Jan H. Kolbaum, Redaktionsdirektor bei Hoffmann und Campe.

Der Zwiespalt der Branche wird deutlich: Einerseits betrachten die Kunden – zum Beispiel Unternehmen und große Verbände – das Corporate Publishing zunehmend als wichtigen Bestandteil ihres Marketingportfolios, sagt Soheil Dastyari, Geschäftsführer der Gruner + Jahr Corporate Editors. Andererseits bestehen Corporate-Publishing-Redakteure wie Uly Förster, ehemaliger Redaktionsleiter bei den Gruner + Jahr Corporate Editors, darauf, dass CP weder Werbung noch Journalismus sei: *„Es ist ein eigenes Segment, das eigenen Gesetzen folgt“*, so Förster.

Klar ist jedoch immer, dass dabei eine Dienstleistung für einen Kunden verrichtet wird. Renommierte Verlage wie Gruner+Jahr buhlen also nicht mehr nur um Unternehmen als Werbekunden für ihre Publikumsmedien, sondern wollen dieselben Unternehmen auch als Dienstleistungskunden für ihre CP-Töchter gewinnen.

Corporate Publishing als Auftragskommunikation

Die Befragten geben zu, dass es im Corporate Publishing in der Regel eine kontinuierliche Kommunikation mit dem Auftragskunden gibt. *„Frei ist man im CP nie. Wer das glaubt, hat Illusionen“*, meint der erfahrene Redaktionsleiter und ehemalige Chefredakteur der Lufthansa-Magazinfamilie Uly Förster.

Das Kundenmagazin sei eine Visitenkarte des Unternehmens und *„alles, was Sie mit einem Kundenmagazin falsch machen, hat Rückwirkungen auf die jeweilige Marke. Deshalb muss hier einfach alles wasserdicht sein.“* Christian Fill, Geschäftsführer von Burda Yukom, sekundiert: *„Es wäre vermessen, wenn ich als Corporate Publisher behaupten würde, dass ich völlig unabhängig bin. Ich habe einen Auftraggeber und für den muss ich mein journalistisches Handwerk beherrschen.“* Letztlich sind Publikationsentscheidungen damit abhängig von der Letztentscheidung des Auftraggebers. So meint auch Jan Spielhagen, der unter anderem das Kundenmagazin der Deutschen Bahn verantwortet: *„Die Bahn liest jeden Artikel, jeden Buchstaben in diesem Heft. Und das völlig zu Recht.“* Bernd Ziesemer sieht darin sogar einen Qualitätsvorteil, da das auftraggebende Unternehmen gewissermaßen als „idealer Schlussredakteur oder Fact-Checker“ Fehler verhindere.

Dass Unternehmen sich dabei auch das Recht herausnehmen können, problematische Beiträge zu zensieren oder aus dem Heft zu nehmen, bleibt ungesagt. Michael Höflich, Geschäftsführer des Forums Corporate Publishing, empfiehlt allen Kunden, in ihren eigenen Publikationen offen und ehrlich über problematische Bereiche zu berichten. Dass das wohl nicht immer der Fall ist, davon zeugt nicht nur das eingangs geschilderte Feature in der Zeitschrift „DB mobil“.

Journalisten im Corporate Publishing

Die Auskünfte der befragten Experten zeigen, dass Corporate Publishing und Journalismus vielfältige Schnittmengen haben. Das betrifft nicht nur die äußere Form, sondern auch die Arbeitskräfte und die Arbeitsweise.

Wer davon ausgeht, dass hauptsächlich PR-Fachkräfte im CP tätig sind, der irrt. Fast alle befragten Führungskräfte haben in ihrer Berufsbiographie einen journalistischen Hintergrund.

Angesichts des Bestrebens, Journalismus möglichst getreu zu simulieren, überrascht dies nicht. Prominentestes Beispiel ist Bernd Ziesemer, der seinen Job als Chefredakteur des Handelsblatts aufgab, um auf den Chefsessel der CP-Tochter von Hoffmann und Campe zu wechseln. Als Motive für den Wechsel ins Corporate Publishing nannten die Befragten häufig, dass sie dort vielfältigere Tätigkeiten ausüben und mehr Verantwortung übernehmen könnten.

Nicht nur in der Führungsetage, auch an der Basis wird Corporate Publishing vor allem von ausgebildeten Journalisten getragen, meist von freien Journalisten. Darin sieht die Mehrzahl der Befragten kein Problem. Stellvertretend Bernd Ziesemer: *„Es gibt viele gute Journalisten, die auch mal für ein Corporate-Publishing-Magazin schreiben, ohne dass sie deshalb in ihrem Hauptjob nicht mehr das tun, was sie tun sollten.“* Problematisch wird es laut Uly Förster nur dann, wenn jemand zeitgleich dasselbe Thema in einem CP- und einem Publikumsblatt unterbringen wolle.

Corporate Publishing vs. Journalismus

Beim direkten Vergleich zwischen CP und Journalismus zeigt sich wieder eine gewisse Schizophrenie der Branche. Einerseits wird die Ebenbürtigkeit betont, andererseits die Andersartigkeit des Corporate Publishing.

So gehen die Befragten von einer Vergleichbarkeit der Qualität aus. Ute-Marion Schnurrer, Redaktionsleiterin bei Scholz & Friends Publishing, einem Joint Venture der Werbeagentur mit dpa, sagt: „*Was macht denn jemand, der uns für Corporate Publishing eine richtig gute, ausgewogene Qualitätsreportage schreibt? Was unterscheidet den von einem Journalisten im ‚Stern', der eine ausgewogene Qualitätsreportage schreibt? Nichts!*" Auch „DB mobil"-Chefredakteur Jan Spielhagen betont: „*Wirtschaftsthemen, Kulturthemen, Menschengeschichten, Bildergeschichten, Rätsel. Wir haben alles, was Sie aus dem ‚Stern' kennen. Wir machen Dinge von generellem Interesse.*"

Die Macher von Kundenzeitschriften müssten sich „vor den klassischen Journalisten nicht verstecken", meint auch Christian Krug, Chefredakteur der Lufthansa-Magazinfamilie. Dies gilt wohl vor allem für die Ressourcen: „*Wenn wir für eine Reportage nach Indien fliegen wollen, fliegen wir da hin. Weil wir durch die Lufthansa die Mittel zur Verfügung haben, Recherche vor Ort zu machen.*"
Zugleich betonen die Befragten, Corporate Publishing sei die ehrlichere Variante des Journalismus. Der klassische Journalismus sei von „subkutanen Kooperationen" durchzogen, die vom Leser nicht mehr zu durchschauen seien, ist Uly Förster überzeugt. Jan H. Kolbaum prangert an, dass der Anzeigenleiter häufig schon in Redaktionssitzungen gewisse Themen abblocke. Es gebe dort ähnliche Zwänge wie im CP. Bei Kundenmagazinen stehe jedoch auf dem Titel, dass es sich um Auftragskommunikation handle. „*Durch diese Offenheit kommen Kundenmagazine oft ehrlicher daher als Publikumsmagazine*", so Kolbaum. Ute-Marion Schnurrer argumentiert ähnlich, wenn sie sagt, dass der „komplett unabhängige, losgelöste Journalismus" etwas sei, das „*wir alle gern in unseren Köpfen haben, was aber in der Realität nur sehr selten zutrifft*".

Auf der anderen Seite betonen die Interviewpartner, dass Journalismus und Corporate Publishing unterschiedliche Funktionen haben. Investigative Scoops seien nicht die Aufgabe der CP-Magazine, sagt Christian Krug.

Statt journalistischer Unabhängigkeit, die offensichtlich nicht gegeben sei, sollten CP-Medien auf Glaubwürdigkeit setzen, so Uly Förster. „*Wenn das Produkt nicht glaubwürdig ist, dann macht es auch keinen Sinn*", meint auch Ute-Marion Schnurrer. Die Befragten waren sich zudem darin einig, dass Publikums- und CP-Medien in Verlagen strukturell voneinander getrennt bleiben müssten. Redaktionelle Kooperationen würden vor allem die Glaubwüdigkeit der Publikumsmedien untergraben.
Die Argumentation der CP-Verantwortlichen verheddert sich an dieser Stelle

in Widersprüche. Einerseits argumentieren sie normativ gegen Fehlentwicklungen im Journalismus, haben offenbar selbst ein klares Bild im Kopf, was von gutem Journalismus zu erwarten wäre (Unabhängigkeit von Interessen usw.). Nach dieser normativen Vorstellung wären Journalismus und CP gar nicht zu vergleichen, denn Journalismus lebt von der Unabhängigkeit, während Corporate Publishing als Auftragskommunikation definiert ist. Andererseits wird Journalismus schlechthin aber mit gegenwärtigen Fehlentwicklungen im Journalismus gleichgesetzt. Über diesen Kunstgriff gelingt es den CP-Verantwortlichen, Corporate Publishing auf dieselbe Stufe mit Journalismus zu stellen, ja CP im wahrsten Sinne des Wortes als den besseren Journalismus zu verkaufen.

„Durch die Bahn-Brille schauen“
Wie viel Journalismus steckt im Corporate Publishing?

Ein Gespräch zwischen Jan Spielhagen (Gruner+Jahr Corporate Editors) und Thomas Schuler (freier Journalist/netzwerk recherche e.V.)[1].

Heiko Görtz: Herr Spielhagen, Sie sind nicht nur Chef von „Beef!“, einem Kochmagazin für Männer, sondern gleichzeitig auch Chefredakteur von zwei großen Kundenmagazinen – zum einen vom „Volkswagen Magazin“, zum anderen von „DB mobil“, der Kundenzeitschrift der Deutschen Bahn. Wie unterscheiden sich diese beiden Corporate-Publishing-Produkte?

Jan Spielhagen: Das „Volkswagen Magazin“ ist ein Heft, das von den Händlern an Volkswagenbesitzer verschickt wird, die auf diese Weise mit den Produkten in Kontakt kommen oder bleiben. Das funktioniert sehr erfolgreich. Bei der „mobil“ gibt es andere Ziele. Da geht es darum, dass den Reisenden in der Bahn ein Informations- und Unterhaltungsmagazin angeboten wird.

Görtz: Wie wählen Sie die Themen für das Heft aus?

Spielhagen: In einer Redaktionskonferenz, bei der Kommunikatoren der Bahn dabei sind, schlägt die Redaktion Themen vor. Diese Runden sind klar von Partnerschaftlichkeit und Vertrauen geprägt. Die Themen stammen aus den Bereichen Unterhaltung, Kultur, manchmal Sport, ganz viele Reisethemen. Wir machen allerdings gerade einen großen Relaunch, der das Heft sehr verändern wird. Bislang gibt es noch ein Ressort namens Bahn. Viele Themen für dieses Ressort kommen von der Bahn direkt.

Görtz: Wie viele Themen werden denn von der Bahn bestimmt, wie viele von Ihnen?

Spielhagen: Es gibt kein Thema, dass die Bahn nicht kennt und möchte. Der überwiegende Teil der Themen, die vorgeschlagen werden, kommen aber aus der

[1] Die Diskussion fand statt bei der Fachkonferenz „PR und Journalismus – zwischen Konfrontation und Kooperation“, einer Veranstaltung der Rudolf-Augstein-Stiftungsprofessur für Praxis des Qualitätsjournalismus an der Universität Hamburg und netzwerk recherche e. V. am 11. /12. Februar 2011 in Hamburg. Dies ist eine gekürzte, redigierte und autorisierte Fassung des Gesprächs, das von Heiko Görtz moderiert wurde, Studierender im Master-Studiengang „Journalistik und Kommunikationswissenschaft“ an der Universität Hamburg.

Redaktion. Bei der Auswahl schauen wir natürlich durch die Bahn-Brille, ohne dabei jedoch die journalistischen Regeln außer Acht zu lassen.

Görtz: Ist die Deutsche Bahn ist auch diejenige, die jeden einzelnen Text am Ende dann nochmal abnickt?

Spielhagen: In der Regel ja – das hängt vom Thema ab. Wenn wir mit dem Vorstandsvorsitzenden der Deutschen Bahn ein Gespräch führen, bekommt das eine andere Aufmerksamkeit als eine Meldung im Kulturteil. Wenn wir über technische Details zu einem neuen Zug berichten, landet das in den Fachbereichen des Konzerns, und die überprüfen einfach die fachliche Richtigkeit. Sprachlich wird nur selten eingegriffen. Bei dem aktuellen Heft ist beispielsweise Till Schweiger auf dem Cover. Bei einem solchen Interview wird mal eine Vokabel herausgestrichen, die im Bahn-Universum nichts zu suchen hat, ein Kraftausdruck vielleicht. In solchen Fällen diskutieren wir offen, manchmal auch kontrovers. In der Regel finden wir aber immer eine Lösung, mit der alle leben können.

Görtz: Wie schätzen Sie die journalistische Qualität der „DB mobil“-Artikel im Vergleich zu Kioskmagazinen ein?

Spielhagen: Bei der journalistischen Qualität im Sinne des Textens und der Recherche erfüllen wir alle gängigen Standards, hohe Standards. Wir haben eine feste Redaktion mit gut ausgebildeten Journalisten. Da gibt es viele Hefte auf dem Markt, die keine Kundenmagazine sind und deutlich schwächer ausgestattet sind und deutlich weniger Kompetenz haben. Was ein völlig freies Heft nicht machen wurde, ist die Art von Berichterstattung über die Bahn, wie wir sie machen. Denn wir sind das Heft der Deutschen Bahn, das Heft gehört der Bahn. Wir sind ihr Dienstleister und informieren deshalb im Sinne der Bahn.

Görtz: Wie viel Journalismus steckt in diesem Magazin?

Spielhagen: Wir gehen ganz klar mit einem journalistischen Anspruch an alles ran, auch an die Themen, die PR-getrieben sind. Aber das Heft hat nicht nur journalistische Geschichten, sondern auch ganz klar Geschichten, die einen PR-Hintergrund haben. Auf dem Magazin steht: „Das Magazin der Deutschen Bahn“. Wir sind da ganz ehrlich, wir verstecken uns nicht.

Görtz: Wenn Sie das Magazin einordnen müssten zwischen Journalismus und PR – wo steht „mobil“?

Spielhagen: Das Heft ist viel stärker journalistisch, als es PR-getrieben ist. Wenn wir uns die Geschichten einzeln vornehmen, sage ich: Das ist Journalismus. Da steckt PR drin. Da steckt ein bisschen PR drin. Das ist wieder Journalismus. Und ich bin froh, dass wir in „DB mobil" vor allem journalistische Sachen haben.

Thomas Schuler: Da habe ich meine Zweifel. Ich glaube, dass Corporate Publishing insgesamt stärker auf der PR- und Marketingseite zu verankern ist. Dass es gern so wirken will wie Journalismus, das ist klar. Es gibt hier ein Buch, das heißt „Die Kundenzeitschrift" und stammt von Kurt Weichler und Stefan Endrös. Darin heißt es: „So ist die Kundenzeitschrift ein Instrument der Öffentlichkeitsarbeit, das sich des Deckmantels des Journalismus bedient, um die eigenen Ziele zu erreichen". Wenn in Ihrem Heft Leute interviewt werden und zum Beispiel Harald Schmidt über seine BahnCard 100 erzählt, da merke ich, dass es schon nicht mehr der journalistische Weg ist. Das ist ganz deutlich.

Spielhagen: Über das Gespräch mit Harald Schmidt haben wir vorher lange diskutiert, weil der ja bissig sein kann. Da war eher die Befürchtung, dass er sich als Nicht-Bahnfahrer outen würde. Am Ende stand da aber so viel Schönes über die Bahn drin, dass wir es natürlich in „DB mobil" auch gedruckt haben, weil er einfach ein Bahn-Fan ist.

Schuler: Sie wollen sagen, dass Harald Schmidt zunächst gar nicht als Bahnfahrer bekannt war? Hier, im Vorspann, steht es anders: Harald Schmidt betont sehr gerne, dass er Besitzer der BahnCard 100 ist. Das brachte Grube, den Vorstandsvorsitzenden, auf die Idee, ein Gespräch mit ihm zu führen, ihn einzuladen.

Görtz: Herr Schuler, haben Sie als freier Journalist schon einmal für Kundenmagazine geschrieben?

Schuler: Ja. In der Zeit, als ich in New York war, das war in den 90er Jahren, habe ich mal einen Anruf erhalten von einem ehemaligen Kollegen der „Süddeutschen Zeitung", der mir gesagt hat, er habe jetzt eine Agentur und mache Corporate Publishing, ob ich nicht einen Artikel schreiben könne. Das habe ich gemacht, ein paar Mal, für ein Magazin der Heidelberger Druckmaschinen. Aber damals wäre niemand auf die Idee gekommen, das hinterher verteidigen zu wollen, im Sinne von: Das ist jetzt Journalismus. Ich habe das Gefühl, dass wir jetzt in Phase II oder III von Corporate Publishing sind. Die Branche strebt eine ganz andere Marktstellung an. Das ist auch ein Produkt der Krise, wo man eben sieht, dass im Journalismus eigentlich alles auf Abstieg und auf schrumpfende Gewinne ausgerichtet ist, aber der PR-Bereich zulegt. Das heißt, man hat sich hier eine Sprachregelung zugelegt, um diesen Bereich für Journalisten begehbarer zu machen.

Görtz: Welche Erfahrungen haben Sie im Corporate Publishing gemacht?

Schuler: Zu Beginn wurde mir gesagt: Du kannst über alles schreiben. Ich habe beispielsweise eine Geschichte gemacht über die großen Druckereien der Vereinten Nationen. Oder eine Geschichte darüber, was denn der Geheimdienst, die National Security Agency, druckt. Später war plötzlich das Kriterium: Kann Heidelberger Druckmaschinen da einen Auftrag bekommen? Autoren wurden zum Beispiel gefragt, ob sie nicht mal in den Mittleren Westen fahren können zu einem Verlag, um da eine schöne Geschichte zu machen, weil das ein potenzieller Kunde sei. Ich halte heute beide Varianten für problematisch. Das ist auch die Begründung, warum ich sage, Corporate Publishing will ich nicht mehr machen.

Görtz: Würden Sie sagen, dass wohl das journalistische Handwerk im Corporate Publishing gefragt ist, nicht aber die journalistischen Ideale?

Schuler: Die Professionalität ist auf alle Fälle gefragt, dass es so aussieht wie Journalismus.

Spielhagen: Mit dem letzten Satz könnte ich gut leben: Ganz viel journalistisches Handwerk, aber am Ende ist das kein 100-prozentiges journalistisches Erzeugnis, was dabei rauskommt. In der Tat ist es so, dass die Verlage Corporate Publishing als Geschäftsfeld erkannt haben. Es ist auch kein Geheimnis, dass die großen Verlage alle mit voller Wucht versuchen, entweder Unternehmen, die aus ihrer Sicht bisher zu wenig Corporate machen, in einer Kaltakquise Corporate anzubieten oder eben mit großer Kraft um die bestehenden Publikationen zu pitchen. Da gibt es eine völlig neue Art des Kampfes um diese Aufträge, weil die zum Teil sehr lukrativ sind.

Görtz: Heute entstehen bei Gruner + Jahr unter einem Dach sowohl Qualitätsjournalismus als auch Corporate-Publishing-Produkte. Ist das eine Gefahr oder ein Vorteil?

Spielhagen: Weder noch. Das sind unterschiedliche Geschäftsmodelle, die sich gar nicht berühren. Es ist ja nicht so, dass der „Stern“ sich auch nur eine einzige Geschichte über die Deutsche Bahn spart.

Görtz: Ist eine friedliche Co-Existenz denn möglich? Kann es vielleicht ein Vorteil sein für beide, dass es sowohl Corporate Publishing als auch klassischen Journalismus gibt?

Spielhagen: Auf jeden Fall. Gruner+Jahr ist ein gutes Beispiel dafür, dass beides geht. Ich halte es aber auch für möglich, dass das CP-Geschäft das Kioskgeschäft zum Teil kannibalisieren wird. Wenn zum Beispiel große Handelsmarken mit einer großen Frauenzeitschriftenmarke in ihren Läden sichtbar werden, diese natürlich an der Kasse positionieren und natürlich ein bisschen günstiger anbieten als das, was die Leser am Kiosk bekommen, dann kann das ein Problem werden für Zeitschriften am Kiosk, die möglicherweise genau dieselbe Leserschaft ansprechen.

Schuler: Mir ist vor allem die Unterscheidung wichtig: Corporate Publishing ist kein Journalismus. Corporate Publishing ist eine Art kontrollierter Journalismus, autorisierter Journalismus. Das ist etwas, was es eigentlich nicht geben kann. Denn Unabhängigkeit ist ein ganz wesentliches Kriterium.

Spielhagen: Wenn Sie keinen Kunden haben, der Sie bezahlt, haben Sie einen Verlag, der Sie bezahlt. Das bedeutet, dass Sie auch wirtschaftlich sein müssen, und auch dafür müssen Sie Geschichten machen, die sich dann eben am Kiosk verkaufen. Die totale Unabhängigkeit gibt es nur, wenn Sie finanziell unabhängig arbeiten können. Was ich als Chefredakteur von „DB mobil" und dem „Volkswagen Magazin" tue und was ich als „Beef!"-Chefredakteur tue, ist in der Regel das Gleiche. Nur mit dem großen Unterschied, dass das eine am Kiosk funktionieren muss und ich immer auf den Freitag warte, an dem mein Heft ausgezählt ist, und bei dem anderen habe ich alle zwei Jahre eine Pitch-Situation, in der ich mich behaupten muss.

Schuler: Sind die „Beef!"-Anzeigenkunden denn auch bei der Themenauswahl mit dabei?

Spielhagen: Nein, die „Beef!"-Anzeigenkunden sind bei der Themenauswahl natürlich nicht dabei. Aber ich besuche für die „DB mobil"-Anzeigenkunden als größtes Reisemagazin Europas die ITB und ich besuche mit „Beef!" zum Beispiel Miele in Gütersloh. Es mag Redaktionen geben, in denen die Chefredakteure noch nicht mit Anzeigekunden zusammensitzen; es ist aber die Regel, würde ich sagen. Das ist bei „Beef!" sogar intensiver, weil der Titel jung ist. Man muss den noch erklären und man muss sich bemerkbar machen. „DB mobil" ist ein Riesenwerbeträger, da gibt es zum Beispiel auch Mediadaten, mit denen sie dann die Arbeit des Anzeigenverkaufs anderen Menschen überlassen können. Bei „Beef!" ist es immer noch so, dass ich da als Chefredakteur der stärkste Repräsentant bin, auch beim Kontakt zum Kunden.

Drehen im Atomkraftwerk – eine Übung für Fortgeschrittene

Gesine Enwaldt und Melanie Stanszus

„Ja, natürlich, gerne sprechen wir mit Ihnen über die Risiken der Kernkraft, schließlich tragen wir mit unserer Energiegewinnungsform eine gewisse Verantwortung für die Menschen hier in Norddeutschland – und Informationen sind ja wichtig, um sich ein Bild machen zu können ...“

... eine kleine, frei erfundene Antwort eines Energiekonzerns aus dem Märchenland der Transparenz. Dies nur, um spaßeshalber einmal daran zu erinnern, wie es eigentlich laufen sollte. Das wahre Leben sieht anders aus: Wer in einem Atomkraftwerk zum Thema Sicherheit und Risiken drehen möchte, muss strategisch geschickt vorgehen und darf möglichst vorher mit kritischer Berichterstattung nicht unangenehm aufgefallen sein.

Unser Ziel: Wir wollen für den NDR in einem norddeutschen Atomkraftwerk zum Thema „Sicherheitsrisiko Kernkraft“ drehen und die Argumente der Atomwirtschaft hinterfragen, die behauptet, Atomkraft sei sicher, sauber, billig und unverzichtbar. Ein Jahr vor Fukushima – und kurz bevor die Bundesregierung beschließt, die Laufzeiten zu verlängern. Eine wichtige Entscheidung für die Atomkonzerne. Kritische Berichterstattung kommt da ungelegen.

Als Strategie wählen wir deshalb eine Variante der in zahlreichen Krimis erprobten „Good-Guy-Bad-Guy“-Methode. Unser wohl durchdachtes Vorgehen könnte man allerdings besser mit „Stupid-Girl Busy-Girl“ bezeichnen. Sie ist, im Nachhinein betrachtet, sehr zu empfehlen: Meine um einiges jüngere Kollegin stellt bei den Energieversorgern die Drehanfrage und hält sich bei kritischen Nachfragen von Seiten der Pressestellen naiv-ahnungslos zurück.

Ungefähr so: *„In welche Richtung soll Ihr Bericht denn gehen?“* Antwort: *„Es geht allgemein um die Frage von Vorteilen und Nachteilen und um die Sicherheit in norddeutschen Kraftwerken. So ganz genau weiß ich das jetzt* *gar nicht, die Autorin ist leider gerade auf Drehreise, aber sie kann Ihnen das später ganz genau erklären."*

Mit unserer „Stupid-Girl-Busy-Girl"-Methode gelingt es, bis zum Drehtag ein tieferes Vorgespräch zu verhindern. Eigentlich ist das nicht unser Stil, aber wir haben bedauernswerter Weise keine andere Wahl. Von vornherein wird von Seiten der Pressestellen signalisiert: Wer kritisch sein will, kommt nicht rein. Meine Kollegin kommuniziert mit E.on, Vattenfall und RWE, um wenigstens eines der norddeutschen Kraftwerke besuchen zu dürfen. Man macht uns wenige Hoffnungen.

Schließlich fokussieren wir uns auf das AKW Krümmel und haben Glück, denn der Betreiber Vattenfall hat sich gerade für einen so genannten „Offenen Dialog" entschieden. Der Konzern steht wohl noch unter dem Eindruck der Störfälle in den Kernkraftwerken Brunsbüttel und Krümmel im Sommer 2007, ein „Kommunikations-GAU" (Ivo Banek, Vattenfall Europe Nuclear Energy, 11.03.2008) für das Unternehmen.

Es reagierte mit einer aufwändigen und teuren „Dialogkampagne". Vattenfall will nun den stillgelegten Pannenreaktor wieder anwerfen und muss am Image arbeiten. In großseitigen Zeitungsanzeigen wird an der Vertrauenswürdigkeit des Meilers gewerkelt. Man bietet so genannte „Offene Dialoge" für den Austausch. Auf dieser Welle vermeintlicher Offenheit rutschen wir nach sechs Wochen Wartezeit hinein ins Kraftwerk.

„Offener Dialog" und Drehverbot

Eingepackt in Overalls und Überschuhe, entscheide ich mich bei unserem Rundgang durchs AKW für die offen-naive Fragetaktik – eine Haltung, die an die Sendung mit der Maus erinnert. Wir brauchen die Bilder, im Nacken sitzt die Befürchtung, dass der Rundgang schnell zu Ende sein könnte, wenn wir zu kritisch fragen. Die Berge von Hintergrundwissen, die sich im Laufe unserer Recherchen in meinem Kopf angesammelt haben, werden tunlichst verborgen. Rhetorisch geschult, in irritierender emotionaler Gleichmut erläutern die Damen der Presse- und Öffentlichkeitsarbeit die Vorteile der Kernkraft. Es hagelt Unwahrheiten.

Keine Gefährdung durch mögliche Terrorangriffe? Kein Zusammenhang zwischen Leukämiefällen bei Kindern und AKW-Nähe? Keine Probleme bei der Endlagerung des Strahlenmülls? Aufgrund unserer Recherchen haben wir starke Zweifel.

Die sogenannte Kikk-Studie zu Kinderkrebs (Epidemiologische Studie zu Kinderkrebs in der Umgebung von Kernkraftwerken des Bundesamtes für Strahlenschutz) rund um Atomkraftwerke hat herausgefunden, dass das Leukämierisiko für Kinder im Umkreis der Kraftwerke signifikant erhöht ist. Ob AKW die Ursache sind, ist nicht beweisbar, aber es ist auch nicht auszuschließen. Eine andere beunruhigende Erkenntnis ist, dass die Terrorgefahr, der die westlichen Länder seit den Anschlägen vom 11. September 2001 ausgesetzt sind, auch hinsichtlich der AKW erhöht ist. Geheime Studien bestätigen, dass die alten deutschen Reaktoren einem Terrorangriff aus der Luft nicht standhalten würden.

Später fragen wir ein Interview mit dem Geschäftsführer der Vattenfall-Nuklearsparte Ernst Michael Züfle an. Leider nein – Terminschwierigkeiten. Wir möchten mit der Kamera am sogenannten „Offenen Dialog" teilnehmen, bei dem Herr Züfle sich den Fragen des Volkes stellt. Drehverbot. Der so genannte „Offene Dialog" richtet sich nur an handverlesene, geladene Gäste – Kameras und Journalisten sind nicht erwünscht. Und so ist auf unseren Bildern nur der Hinterkopf des Atom-Managers zu sehen, gefilmt aus der Ferne, durch ein Fenster.

Der Störfall wird geübt

Unser Kampf mit den Pressestellen der Energiekonzerne setzt sich fort, als wir den Wunsch haben, in der Kraftwerksschule in Essen zu drehen. *„Uns vertrauen weltweit Kraftwerksbetreiber die Aus- und Weiterbildung ihrer Fachkräfte an"*, wirbt die Einrichtung im Internet. Jetzt ist unser Ansprechpartner RWE. Man steht dem Dreh sehr skeptisch gegenüber. Was man denn wolle, welche Richtung der Beitrag habe, fragt man uns. Mit der bewährten, oben beschriebenen Anfrage-Strategie gelingt es, bei dem Störfall-Training einer Schicht des AKW Emsland-Lingen dabei zu sein. Vor dem Termin macht der Pressesprecher von RWE deutlich, man wolle keinesfalls eine gefärbte Berichterstattung – etwa so wie der WDR, der sich auch schon unbeliebt gemacht habe mit seinen Beiträgen gegen Atomkraft. Wir dürfen drehen, aber keine politischen Fragen stellen – zum Beispiel nach der Laufzeitverlängerung.

Wir beobachten die nicht gerade vertrauenerweckende Störfall-Übung der AKW-Kollegen. Immerhin. Als ich den Schichtleiter befragen möchte, verfolgt der Pressesprecher jedes Wort und grätscht mehrfach in das Gespräch. Ich frage nach dem „Sicherheitsrisiko Mensch" – die Frage ist nicht zugelassen. Abbruch. Ich frage nach der persönlichen Meinung des Schichtleiters zur Zukunftsfähigkeit der Technik, mit der er sich tagtäglich beschäftigt. Frage ist nicht zugelassen.
Abbruch.

Die Situation erinnert mich in grotesker Weise an schwierige Interviews mit unwilligen Politikern in autoritären Staaten. Nach dem Dreh kommt es zu einem sehr unangenehmen Streit zwischen uns und dem Pressesprecher. Man bedauert, uns reingelassen zu haben, jetzt erst habe man erkannt, dass das wahrscheinlich ein Fehler war. Wieso wir diese Fragen gestellt hätten.

Wir fragen uns, welche Art von Fragen die Pressesprecher eigentlich erwarten. Vielleicht in dieser Richtung: Wie großartig ist die Kernkraft im Vergleich zu anderen Energiegewinnungstechniken? Welche Vorteile hat die Kernkraft im Vergleich zu den Erneuerbaren? Was könnte die Bundesregierung tun, um den Kernkraftwerksbetreibern weiter entgegenzukommen? Wie leicht lässt sich das Problem der Entsorgung lösen?

Nein, einen solchen Film wollten wir nicht machen. Wir wollten die Kernaussagen der Atomlobby überprüfen, sprachen mit Ingenieuren und Wissenschaftlern ebenso wie mit Katastrophenschützern und Umwelt-Experten, besuchten unter anderem das havarierte Versuchsendlager Asse und das erste genehmigte Endlager Schacht Konrad – und entdeckten Widersprüchliches und Irreführendes. Im Februar 2010 lief der Film mit dem Titel „Die Atomlüge“ im NDR Fernsehen – trotz aller Versuche von PR-Verantwortlichen, unsere Arbeit zu behindern.

P.S.: Ein Jahr später. Fukushima. Wir möchten wieder im AKW Krümmel drehen. Wir haben neue Fragen. Die Antwort kommt schnell: Abgelehnt. Terminschwierigkeiten.

Neue Perspektiven
Journalisten, die Pressesprecher werden, betrachten die Welt neu: Gläser, die vorher halb leer waren, sind jetzt halb voll

Oliver Herrgesell (RTL Group)

Der Anruf kam überraschend. Ich kannte den Anrufer gut. Es war der Kommunikationschef eines Unternehmens, über das ich in einem früheren Job regelmäßig berichtet hatte. Ich kannte ihn als seriösen Gesprächspartner, stets gut informiert, nie unfreundlich, gelegentlich hart im Geben. Er fragte mich: *„Können Sie sich vorstellen, Pressesprecher zu werden?"*.

Ich dachte kurz nach, ob ein anderer, interessanterer Job in Reichweite wäre. Einige Jahre lang hatte ich im Journalismus gearbeitet und glücklicherweise viele unterschiedliche, spannende Aufgaben gehabt. Zuletzt war ich ein paar Monate lang stellvertretender Chefredakteur des STERN gewesen. Nun sollte ich für ein internationales Unternehmen sprechen und direkt mit dem interessantesten Manager zusammenarbeiten, den ich kannte. Ich musste nicht lange überlegen, um zuzusagen.

Wie üblich machte ich die Entscheidung an den handelnden Personen fest und an der Aufgabe. Die Konditionen stimmten auch. Dass es Menschen gibt, die mich als „Seitenwechsler" sehen, hat mich nicht eine Minute lang beschäftigt. Das änderte sich am ersten Arbeitstag, denn eine Sekretärin in der Pressestelle begrüsste mich freundlich lächelnd mit: „Verräter!".

Schon in den ersten Tagen meiner neuen Arbeit wurden die vermeintlich besten Eigenschaften des Journalisten abgerufen: Ich sollte schnell mal eine Meldung schreiben. Und schon hatten wir unser erstes Missverständnis, denn das Feedback zu meinem Entwurf kam prompt und hart: *„Das ist die schlechteste Pressemitteilung, die ich je gelesen habe"*, urteilte der Hauptabteilungsleiter und ließ das Blatt verächtlich auf meinen Schreibtisch flattern.

Ich war ein wenig ernüchtert – zum einen, weil ich solche Umgangsformen für etwas altmodisch hielt, zum anderen, weil ich als ausgezeichneter Journalist jenen Jurys, die mir Preise verliehen hatten, mehr Urteilsvermögen zubilligte als diesem schlecht gelaunten PR-Mann.

Rückblickend gesehen war der Text wirklich nicht mein bester. Veröffentlicht wurde er dennoch, und er wurde auch von der Presse weithin aufgegriffen.

Ein Unternehmen, das einen Journalisten für seine Öffentlichkeitsarbeit anstellt, erwartet, dass er in Höchstgeschwindigkeit exzellente Texte verfassen kann. Diese Erwartungshaltung ist verständlich. Richtig ist aber auch, dass Pressemitteilungen in Inhalt, Sprache und Form weit von journalistischen Texten abweichen können. Manager halten Texte für gelungen, die Journalisten geradewegs in den Mülleimer befördern.

Die Arbeitsbedingungen unterscheiden sich gravierend. Der Journalist ist gewohnt, einen Artikel zu schreiben, der dann von einem oder mehreren Kollegen redigiert wird. Im Normalfall macht dieser Prozess den Artikel prägnanter. Die Autorenhoheit verbleibt beim Schreiber.

Der Pressesprecher dagegen muss die Pressemitteilung im Haus abstimmen. Im Normalfall macht dieser Prozess die Mitteilung länger, unschärfer und langweiliger. Wessen Herz an einer griffigen Formulierung hängt, kann an solchen Prozessen schon mal verzweifeln. Der Sprecher muss notfalls eine Mitteilung vertreten, die er so niemals verfasst hätte.

Tröten töten

Dass immer mehr Journalisten in Pressestellen wechseln, hat nicht nur mit der angespannten Lage vieler Medien zu tun. Es hat auch mit dem Bedarf vieler Unternehmen nach handwerklich guter Pressearbeit zu tun.

Gute Pressemitteilungen sind Agenturmeldungen ähnlich, wichtige Fakten und einprägsame Aussagen stehen im Vordergrund. Schlechte lassen Posaunen tröten, stecken voller Jubelphrasen. Jubelphrasen will wirklich niemand lesen, noch nicht einmal PR-Leute. Sie taugen allenfalls für böse Kommentare oder spitze Glossen. Unternehmen sollten Journalisten dazu einsetzen, Pressemitteilungen zu verfassen, die journalistischen Kriterien standhalten. Sie sollten die Tröten töten.

Eine bessere Schreibe ist nur einer von vielen Nutzen, den Unternehmen einkaufen können. Journalisten, die in die Kommunikationsarbeit gelangen, sprechen immer noch die Sprache der Journalisten. Sie verstehen, was gesagt wird und – mindestens ebenso wichtig – wissen, was nicht gesagt wird.

Sie kennen die Unterschiede zwischen den Bedürfnissen einer Lokalzeitung, eines Magazins, eines TV-Senders und einer Nachrichtenagentur, einer investigativen Recherche und einem Kommentar nicht nur aus dem Lehrbuch.

Sie kennen die Arbeitsbedingungen der Journalisten aus Erfahrung und können sich deshalb intuitiv darauf einstellen. Wer einmal bei einer Tageszeitung gearbeitet hat, braucht nur auf die Uhr zu sehen, um zu wissen, wann man anruft und wann besser nicht. Auch das Verständnis, was einen guten Artikel ausmacht, lernt man besser in der Praxis als auf der Hochschule. Das Handwerk zu kennen, ist praktisch.

Griffige Formulierungen prägen das Bewusstsein der Menschen schärfer als komplexe Sachinformationen. Gute Journalisten sind dazu ausgebildet, die richtigen Worte zu finden. Auch das kann hilfreich sein.

Pressesprecher sind Vermittler, Brückenbauer, Übersetzer. Als Journalisten haben sie gelernt, eine Story zu sehen, ehe sie formuliert ist. Viele Manager neigen zu einer direkten, ungeschminkten Sprache, die sehr schnell sehr falsch verstanden werden kann.

Gelernte Journalisten denken auch als Sprecher wie Journalisten. Sie reagieren spontan so, wie ein Journalist reagieren würde. Im Zweifelsfall ist das die wichtigere Eigenschaft als das Verfassen von Pressetexten, denn bei der Vorbereitung einer Pressekonferenz kann die Vorbereitung auf mögliche Einwände ein Erfolgskriterium sein. Im Unternehmen sollten Pressesprecher kritische Fragen stellen, auf Schwächen hinweisen, und dem Management erläutern, wie ihre Aussagen in der Öffentlichkeit verstanden werden.

Das Positive sehen

Eine Umstellung, die manchen Journalisten schwerfällt, ist der positivistische Ansatz der Öffentlichkeitsarbeit. Die Presse hat eine bedeutende gesellschaftliche Kontrollfunktion, in vielen Staaten mit Verfassungsrang. Viele Journalisten sind daher grundsätzlich kritisch eingestellt. Das zur Hälfte gefüllte Glas ist immer halb leer. Das Selbstverständnis der Journalisten ist geprägt von Zweifeln, derzeit zudem noch von Selbstzweifeln und Zukunftsängsten.

Die Presse dient im Idealfall der Gesellschaft, während Pressesprecher immer ihren Gesellschaftern zu dienen haben.

So journalistisch-kritisch sie intern agieren sollten, so sehr unterscheidet sich die Rolle des Pressesprechers nach außen: Der Öffentlichkeit gegenüber sind sie das Unternehmen. Die Einstellung der Öffentlichkeitsarbeit ist es daher, die positiven Aspekte zu finden und herauszustellen: Das Glas ist halb voll.

Für manche, die aus dem aktiven Journalismus kommen, kann das zur Herausforderung werden. Für andere kann es zur Herausforderung werden, die früheren Werte und Einstellungen nicht vollständig aufzugeben. Es gibt Fälle von Konvertiten, die im früheren Leben als besonders kritische Berichterstatter ihr Geld und das Ansehen der Branche verdient haben. Einmal in Lohn und Brot eines Unternehmens, werden sie zu glühenden Verfechtern der Konzernleitlinien und nerven selbst im privaten Umfeld noch mit Lobpreisungen der Geschäftsführung. Wer so agiert, verspielt jene Glaubwürdigkeit, die Teil seiner Einstellungskritierien ist, schneller, als der Schall seiner Worte verklingt.

Häufig wird die Frage gestellt: „Wie ist es, die Seiten zu wechseln?". Journalisten stellen sie gerne Pressesprechern, die früher als Journalisten gearbeitet haben. Im Grunde genommen ist diese beliebte Frage etwas eng. So deutlich die Unterschiede zwischen Journalismus und Pressesprecherei auch sein mögen: Mit ein wenig Distanz lassen sich mehr Gemeinsamkeiten erkennen, als manchem Journalisten lieb ist. Berichterstatter wie Sprecher mögen unterschiedliche Maximen haben, aber sie sprechen über die gleichen Themen, sind ähnlichen Zwängen unterworfen und haben ein gemeinsames Ziel: Die Öffentlichkeit zu informieren. So unterschiedlich die Geschwister sind, sie gehören doch zur gleichen Familie.

Die Wahrheit ist weder schwarz noch weiß, so wenig es Objektivität gibt. Jedes Thema kann auf unterschiedlichste Weise beschrieben werden. Mehr noch: Jede Sache kann auf unterschiedlichste Weise beschrieben oder fotografiert werden.

So, wie die Kommunikationsarbeit immer ein persönliches Geschäft ist, so ist die Berichterstattung immer eine persönliche Sache. Ein ausgewogenes, faires Bild – woran alle Beteiligten ein grundsätzliches Interesse haben sollten – ergibt sich in der Praxis aus dem gegenseitigen Austausch von Argumenten und Positionen.

In der Praxis sieht das oft anders aus. Deswegen nimmt sich auch das Ansehen beider Berufsstände nicht viel. Das Urteil der Gesellschaft lautet: Schlimm und schlimmer.

Vertrauen, Sympathie und Glaubwürdigkeit könnten deutlich höher sein. Pressesprecher, die tumb die Botschaften ihres Unternehmens herunterbeten, verfehlen ihren Beruf genauso, wie Journalisten, deren einziges Ziel die Schlagzeile von morgen ist. Pressesprecher, die ihre Tätigkeit in hübschen Phrasen erschöpfen, werden ebenso wenig erreichen wie Journalisten, die eine spektakuläre, halbwahre Story über die Wahrheit stellen. Die Öffentlichkeit hat ein feines Gespür für solche Verfehlungen.

„Reizvoll ist die Macht"

Das Gewerbe der Öffentlichkeitsarbeit ist nicht per se auf der „dunklen Seite" zu Hause. Ab einer gewissen Bedeutung für die Öffentlichkeitsarbeit hat jedes Unternehmen eine PR-Abteilung, auch Amnesty International und Save the Children.

Dunkle Kräfte gibt es auf beiden Seiten. Es gibt ehrlose Journalisten und integre Pressesprecher, und umgekehrt. Sinnvoller erscheint der Ansatz, zwischen Beobachtern und Gestaltern zu entscheiden. Und auch die gibt es auf beiden Seiten.

Reizvoll ist die Macht – genau das, was zu kontrollieren Aufgabe der Presse ist. Professionelle Sprecher in exzellent geführten Unternehmen sind bestens informiert, und sie entscheiden mit. Gleichzeitig kann der Einblick in das Innere der Macht ernüchternd sein: Manches, was von außen als wohldurchdachte strategische Maßnahme anmutet, entpuppt sich als Zufall, als Ergebnis eines internen Machtkampfes, oder gar als Versehen.

Die Macht des Sprechers entfaltet sich indirekt: Der Journalist schreibt auf, was er denkt. Der Sprecher kann das nicht. Ganz nach der Schauspielerweisheit „Den König spielen die anderen" muss er andere dazu bringen, das Gewünschte aufzuschreiben.

Dabei helfen die gelernten Wege nicht unbedingt, denn Kommunikation kommt mit der Vermittlung von Worten nicht aus. Die bloße Übersendung einer Mitteilung reicht längst nicht aus, vielmehr entscheidet Art und Weise der Vermittlung.

Dass der Gesprächspartner etwas anderes versteht als man gesagt hat, gibt es nicht nur in der Ehe. Für einen Pressesprecher ist die Messlatte, was ankommt, und nicht, was er geschrieben oder gesagt hat. Was ankommt, liest er in der Zeitung. Der Pressesprecher gibt das letzte Wort an den Journalisten ab.

Ich habe den Wechsel in die Öffentlichkeitsarbeit nicht bereut. Der Mann, der mir die Chance gegeben hatte, diente später einem noch größeren Unternehmen. Mich hat er mit viel Beharrlichkeit über mehrere Jahre hinweg die Grundzüge der Kommunikationsarbeit gelehrt. Über Pressetexte haben wir nie mehr diskutiert.

Wessen Stimme bin ich?

Freie Journalisten zwischen Journalismus und PR[1]

Dokumentation einer Podiumsdiskussion mit Silke Burmester, Isabelle Buckow, Julia Friedrichs, Werner Hinzpeter und Dr. Eva-Maria Schnurr

Kuno Haberbusch: Zur Ausgangssituation: Frau Buckow hat die Mitglieder von „Freischreiber" wissenschaftlich untersucht. Wie ist die Situation der freien Journalisten, welche Rolle spielt PR?

Isabelle Buckow: Im Durchschnitt verdient ein Mitglied bei den „Freischreibern" 2.000 EUR brutto, jeder Zweite liegt aber noch weit darunter. Mehr als die Hälfte der Befragten haben angegeben, dass sie aus finanzieller Notwendigkeit nebenher PR machen – und auch ohne das Zusatzeinkommen nicht überleben könnten. Wenige haben gesagt, dass sie den kreativen Freiraum schätzen, den die PR bietet, und die Anerkennung durch den Auftraggeber.

Haberbusch: Da fragen wir doch mal nach beim Verband „Freischreiber". Frau Schnurr – finden Sie diese Zahlen normal?

Dr. Eva-Maria Schnurr: Was ist normal? Wir verlangen von unseren Mitgliedern eine Unterschrift unter den Satz, dass sie PR und Journalismus sauber voneinander trennen. Ich sehe einfach, dass die meisten Freien, mit denen ich zu tun habe, von ihrer Arbeit nicht leben können. Die Frage ist, ob man nebenher Taxi fährt, kellnern geht oder ob man etwas macht, wo man dann doch mit relativ wenig Aufwand so viel verdienen kann, dass man sich damit auch aufwändige Recherchen querfinanzieren kann. Wir müssen mal überlegen, was Tageszeitungen inzwischen nur noch zahlen. Es gibt seit vergangenem Jahr die neuen Vergütungsregeln, die festlegen, was eigentlich von Tageszeitungen gezahlt werden sollte. Nach dem jetzigen Stand hält sich kaum eine Redaktion daran, das heißt, die meisten zahlen weit darunter.

Haberbusch: Wie funktioniert diese Trennung von Journalismus und PR in der Praxis?

[1] Die Diskussion fand statt bei der Fachkonferenz „PR und Journalismus – zwischen Konfrontation und Kooperation", eine Veranstaltung der Rudolf-Augstein-Stiftungsprofessur für Praxis des Qualitätsjournalismus an der Universität Hamburg und netzwerk recherche e.V. am 11./12. Februar 2011 in Hamburg. Dies ist eine gekürzte, redigierte und autorisierte Fassung des Gesprächs.

Dr. Schnurr: Ich kenne keinen „Freischreiber", die wirklich gerne PR macht. Das sind Leute, die sich als Journalisten verstehen und PR machen, weil sie gerne Journalismus machen wollen. Eigentlich sitzen hier die falschen Leute auf dem Podium, denn hier müssten nicht die Freien sitzen, sondern die Leute, die die Honorare verwalten. Ich sehe das schon auch so, dass in einem besseren Leben Journalisten keine PR machen sollten.

Haberbusch: Also sind wir uns einig, Journalismus und PR sind eigentlich unvereinbar?

Silke Burmester: Nein. Ich finanziere mich auch dadurch, dass ich offene PR mache. Ich arbeite zum Beispiel für das Opel-Magazin. Da steht Opel drauf, da ist Opel drin, da kann niemand überrascht sein, wenn es um Autos geht und die auch immer alle ganz toll sind.

Dr. Schnurr: Ich sehe das als zwei verschiedene Berufe. In dem Moment, wo ich PR mache, bin ich keine Journalistin. Das ist das, was ich trennen muss. Deshalb verlangen wir als Verband, dass man Interessenkonflikte offenlegt. Ich persönlich würde sogar so weit gehen, dass man in dem Bereich, über den man als Journalist schreibt, nicht PR machen darf. Wenn ich also zum Beispiel als Journalistin über Gesundheitsthemen schreibe, dann darf ich im ganzen Bereich Gesundheit keine PR machen.

Haberbusch: Sie sagen „offenlegen" – gegenüber wem? Gegenüber der Redaktion, gegenüber dem Leser?

Dr. Schnurr: Gegenüber der Redaktion. Und ich finde, dass es auch dem Leser gegenüber offengelegt werden sollte. Aber um das zu entscheiden, sind die Freien ja nun wirklich am allerkürzesten Hebel.

Haberbusch: Das heißt, dann sollte zum Beispiel unter Reiseartikeln stehen: „Ein Artikel von XY, Klammer auf, arbeitet nebenher für die Deutsche Bahn im PR-Bereich, Klammer zu"?

Dr. Schnurr: Ja.

Haberbusch: Aber wir sind uns einig – ich lese viele Zeitungen –, solche Zusätze habe ich auch bei den Leuten, von denen ich weiß, dass sie PR machen, noch nie gesehen.

Dr. Schnurr: Aber darüber müssen sie nicht mit den Freien reden, die sind da wirklich nicht in der Verantwortung.

Julia Friedrichs: Ich sehe auch, dass die Honorarsituation katastrophal ist, aber ich glaube, sie wird sich niemals ändern, wenn die Freien das Spiel mitspielen. Man kann sich nicht immer als armes Opfer darstellen, das in diese Lage geraten ist. Es gibt noch ganz viele andere Möglichkeiten, die nicht PR sind. Das Problem ist nun mal besonders gravierend bei Print-Journalisten. Warum kann man dann nicht auch lernen, andere Medien zu bedienen? Warum kann man nicht Radio machen, warum kann man nicht lernen, Fernsehen zu machen? Warum ist es immer PR? Ich sehe diese Zwangsläufigkeit nicht, mit der gesagt wird, es geht nicht anders. Ich glaube, es ist auch die bequemste, die naheliegendste Lösung – und auch eine, die fatale Folgen hat. Wenn freie Journalisten das auf Dauer so machen, werden sie den Beruf auch mit kaputtmachen, mit den Verlegern zusammen.

Burmester: Ich finde, dass es an dieser Stelle gar nicht so sehr nur um die Freien geht. Ich habe etliche Jahre beim Jahreszeiten-Verlag als freie Textchefin gearbeitet, unter anderem bei der PETRA, bei der FÜR SIE, aushilfsweise auch bei ZUHAUSE WOHNEN. Ich weiß, dass es die Marketing- und Anzeigenabteilungen sind, die zu den Chefredakteuren gehen und die Themen für die nächsten Wochen und Monate vorgeben. Das sind Themen, die die Anzeigenabteilung mit Anzeigenkunden ausgehandelt haben. Dann werden diese Themen an die Ressortleiter weitergegeben und die geben sie weiter an die Redakteure.

Das heißt, dass auch die Festangestellten Geschichten machen, zum Beispiel zum Thema „Was ist, wenn im Beruf ein Unfall passiert?" oder „Sie als Hausfrau fallen von der Leiter", all diese Dinge. Dahinter steht dann nicht die freie Entscheidung einer Redaktion, sondern irgendein Lobbyisten-Verband – und ganz konkret die Anzeigenabteilung, die mit einem Kunden etwas ausgehandelt hat. Da muss man die Frage stellen: Was ist denn noch Journalismus? Ich wehre mich deshalb dagegen, dass wir Freien diejenigen sind, an denen das hängen bleibt. Denn diesen Strukturwandel haben nicht wir eingeleitet, sondern es ist vor etlichen Jahren in den Verlagen passiert, und zwar in dem Moment, wo die Geschäftsführer die Herrschaft übernommen haben und die Chefredakteure nur noch eine ausführende Rolle hatten.

Haberbusch: Ist es wirklich so, Herr Hinzpeter: Geben die Verlage vor, welche PR zu betreiben ist, und tarnen es als Journalismus?

Werner Hinzpeter: Ich arbeite in dem Bereich, in dem sehr viel Geld für PR ausgegeben wird, um bei uns etwas zu platzieren. Wir führen in der Redaktion deshalb eine Abwehrschlacht. Wir haben beim STERN ganz feste Regeln, die vorgeben, dass PR und Journalismus oder Anzeigen und Journalismus getrennt sind.

Wir lassen uns nicht zu Reisen einladen und wir machen keine Deals. Ich erlebe aber natürlich rings um mich herum, was passiert. Ich sitze auch in den Round-Table-Gesprächen und sehe beflissen nickende Kolleginnen und Kollegen, wenn irgendjemand ein Produkt anpreist und mit einer Anzeige winkt. Ich sehe dann auch die Artikel in den Zeitschriften. Ich glaube, da hat sich in den letzten Jahren etwas ziemlich verroht.

Haberbusch: Was für Kollegen sind das? Auch im Gruner + Jahr-Verlag?

Hinzpeter: Ja, das passiert auch bei uns.

Burmester: Ich möchte ein kleines Beispiel loswerden: Ich hatte einen Jahresvertrag bei dem Magazin „How to Spend it", der Luxusbeilage der Financial Times Deutschland. Dort habe ich über einen längeren Zeitraum eine Creme von Shiseido getestet und habe zum Beispiel geschrieben: „Ich glänze wie ein Walfisch". Daraufhin sind die Leute von Shiseido zu den höchsten Leuten der Gruner+Jahr-Anzeigenabteilung gegangen und haben gesagt: „Wenn da nicht etwas passiert, streichen wir die gesamten Anzeigen von Shiseido in allen Gruner+Jahr-Produkten". Im nächsten Heft von „How to Spend it" war eine kostenfreie Werbeanzeige von Shiseido.

Haberbusch: Ich bin mir sicher, das ist ein grundsätzliches Problem, auch bei anderen Verlagen.

Friedrichs: Aber die Frage ist doch, was wir jetzt machen. Wir können jetzt beklagen, dass die Situation so ist, wie sie ist, aber ich kann doch für meinen Teil Verantwortung tragen. Und da ist es für mich eben nicht möglich, dass ich meinem Zuschauer, meinem Leser zumute, dass ich auch Auftragskommunikation mache. Denn in meinem Kopf läuft am Ende alles zusammen – alle Informationen, die ich bekomme, alles was ich erlebe, läuft zusammen. Ich möchte, dass das, was dabei herauskommt, journalistisch ist und davon getrieben ist, die Öffentlichkeit möglichst gut zu informieren und eben nicht im Dienst eines Unternehmens zu stehen. Für mich sind das Dinge, die einfach nicht in einer Person vereinbar sind.

Haberbusch: Könnte es sein – ich arbeite ja auch im Fernsehbereich –, dass wir von einer anderen Warte aus reden?

Friedrichs: Das kann bestimmt sein. Aber es wäre für den freien Journalismus die gesündere Variante, wenn man versucht, für andere Medien zu arbeiten, als immer in die PR auszuweichen. Ich finde diesen fünften Satz im Medienkodex von Netzwerk Recherche gut und wichtig: Journalisten machen keine PR. Als ich in den

Beruf eingestiegen bin, hat es mir sehr geholfen, dass einer mal klar sagt, dass es komplett unterschiedliche Sachen sind.

Haberbusch: Eva-Maria Schnurr, wie spielt sich das im Kopf ab? Sind das gespaltene Persönlichkeiten?

Dr. Schnurr: Ich kann nicht in andere Köpfte gucken, daher kann ich nur sagen, wie ich das handhabe. Ich bin in der luxuriösen Position, wenig PR machen zu müssen. Das ist keine Haltung, die ich von anderen fordern kann. Ich habe zum Beispiel vor fünf Jahren mit Kollegen zusammen eine Unternehmensbroschüre für den Brockhaus-Verlag gemacht, für ein Firmenjubiläum. Ich würde auch heute nicht über den Brockhaus-Verlag – den es nicht mehr gibt – schreiben; und ich würde auch nichts über Lexika schreiben. Ich würde einfach diesen kompletten Bereich journalistisch meiden. Ich mache ansonsten Wissenschaftsjournalismus, vor allem Medizinjournalismus. Da gibt es keine Überschneidungen.

Haberbusch: Wenn ein freier Journalist auf nicht mehr als 1.000 Euro im Monat kommt – warum muss es dann PR sein? Wieso suche ich mir dann nicht einen anderen Job nebenher, egal ob ich jetzt kellnere oder tapeziere oder sonst etwas mache?

Burmester: Ich kann schreiben, das habe ich gelernt. Die Qualität, die ich heute habe, ist auch sehr hart erarbeitet. Das ist mein Handwerkszeug. Das ist das, was ich kann, ich kann nichts anderes. Ich habe auch nie etwas anderes gelernt. Deswegen versuche ich das, was ich kann, in einem anderen Gebiet anzuwenden. An der Stelle bin ich eine Schreiberin, ich bin keine Journalistin, das heißt ich bin Auftragsschreiberin. Diese Aufträge haben eine Grenze, es gibt bestimmte Dinge, die ich nicht mache, es gibt bestimmte Auftraggeber, für die ich nicht arbeiten würde.

Haberbusch: Für wen würden Sie nicht arbeiten?

Burmester: Bei mir ist es so: keine Atomkraft, keine Bundeswehr und keine Deutsche Bank. Da ist einfach das Feindbild klar, das will ich nicht.

Haberbusch: Frau Buckow, wie groß muss die Not sein, damit Sie PR machen? Haben Sie schon Angebote bekommen?

Buckow: Ja, ich habe Angebote bekommen, aber ich habe noch keins davon angenommen. Ich möchte eigentlich journalistisch schreiben. Das ist das, was mir am meisten liegt, was ich gelernt habe, worauf ich jahrelang hingearbeitet habe. Ich stehe ganz am Anfang, mit 600, 700 Euro im Monat. Da stelle ich mir natürlich die Frage: Wo geht es denn hin? Ich strebe das wirklich nicht an, PR zu machen. Aber ich möchte jetzt auch nicht nie sagen.

Haberbusch: Wie bekommen Sie, ganz neu im Geschäft, die PR-Angebote?

Buckow: Über soziale Netzwerke wie XING bekomme ich Anfragen. Ich habe in meinem Profil angegeben: „Freie Journalistin auf der Suche nach redaktioneller Arbeit". Dann heißt es in den Anfragen: „Haben Sie nicht Lust, für unser Kundenmagazin oder unserer Mitarbeiterzeitung zu schreiben?" Aber in meinem Studium habe ich gelernt: Journalisten machen keine PR.

Burmester: Ich kenne diesen Spruch auch. Ich finde, das ist eine ganz arrogante, die Wirklichkeit ausblendende Haltung, die sich nur Leute aus öffentlich-rechtlichen Anstalten leisten können, die vor allen Dingen schon lange angestellt sind.

Friedrichs: Diese Diskussion läuft doch jetzt schon seit fünf Jahren. Immer wieder kommt als Gegenargument, es sei arrogant. Aber das stimmt nicht. Warum können Sie nicht Radio machen, warum geht das nicht? Wie wechseln Sie Ihren Stil, wie wechseln Sie Ihre Haltung, wenn Sie heute für Opel schreiben und morgen für die taz? Ich kann das einfach nicht.

Burmester: Bei mir liegt es wahrscheinlich daran, dass diese Themenfelder, die ich jeweils bearbeite, ganz, ganz unterschiedlich sind – und dann kann ich das einfach. Und außerdem: Ich habe Radio nicht gelernt. Es gab für mich einmal die Situation, dass ich vom NDR-Hörfunk gefragt wurde, ob ich nicht Satire machen möchte. Ein Format mit drei Minuten – man sollte mittags um 12 Uhr das Thema bekommen, um 15 Uhr sollte der Text eingesprochen sein, Honorar 200 Euro. Da habe ich gesagt, dafür arbeite ich nicht. Das ist mir zu wenig.

Friedrichs: Für drei Stunden Arbeit 200 Euro? Das ist jetzt nicht so wenig ...

Burmester: Satire zu machen, ist eine extrem kreative Leistung. Deshalb war es mir zu wenig. Dann bleibe ich an der Stelle erst einmal bei der PR.

Friedrichs: Ich finde, wenn die Honorare zu gering sind, muss man eher dagegen kämpfen, als zu sagen, ich füge mich und mache dann halt PR.

Haberbusch: Aber wie soll dieser Kampf möglich sein, wenn Verlage immer einen Freien finden, der das Gewünschte für noch weniger Geld abliefert? Ich glaube, Solidarität unter den Freien ist kaum möglich.

Friedrichs: Ja, aber anders geht es nicht. Es geht nicht anders, als sich zusammenzuschließen, als Mindeststandards zu fordern, als Druck zu machen. Das sind alles Optionen, die nie konsequent zu Ende gedacht werden, weil viele Freie für sich das Problem individuell lösen, indem sie sich mit PR-Aufträgen querfinanzieren.

Haberbusch: Herr Hinzpeter, was meinen Sie – Journalisten machen keine PR?

Hinzpeter: Ich habe leicht reden, ich bin festangestellt, mein Geld kommt jeden Monat. Für mich gilt die Regel in unserer Redaktion, Journalisten machen keine PR. Wir machen Ausnahmen bei freien Journalisten, wenn die PR ganz weit weg ist.

Haberbusch: Wann ist PR ganz weit weg?

Hinzpeter: Wir arbeiten beispielsweise mit Eva-Maria Schnurr. Wenn sie für den Brockhaus schreibt, dann werde ich ihr sicher keine Doppelseite geben, auf der sie „Die besten Gesundheitslexika der Welt" präsentiert. Aber für eine Geschichte über chinesische Medizin sehe ich keinen Berührungspunkt. Wir haben einen Rahmenvertrag, wo die Freien das auch unterschreiben.

Haberbusch: Was unterschreiben sie dort genau?

Hinzpeter: Sie unterschreiben, dass sie unabhängig von allen Interessen ihre Artikel schreiben. Wir sprechen das auch noch einmal aktiv an.

Haberbusch: Wie kontrollieren Sie das? So einen Wisch kann ja jeder unterschreiben, sage ich mal.

Hinzpeter: Wir haben verschiedene Instanzen. Erstens fragen wir die Freien, wenn sie anfangen, für uns zu arbeiten. Zweitens recherchieren wir und prüfen, wenn ein Thema da ist. Drittens haben wir eine Dokumentation, die sich die Quellen liefern lässt, die auch aktiv mitrecherchiert.

Haberbusch: Es stellt sich jetzt die Frage an Silke Burmester & Co. – wenn Sie PR machen für Opel, schreiben Sie unter Ihrem Namen oder benutzen Sie da verschiedene Pseudonyme?

Burmester: Ich habe in der Tat ein Pseudonym, das benutze ich ganz selten. Das habe ich auch schon früher benutzt, als ich für Frauenzeitschriften geschrieben habe, wenn der Auftrag zu bescheuert und völlig sinnentleert war. Neulich musste ich eine Geschichte über das Umwelt-Engagement von Hollywood-Stars machen.

Da merkt man ganz schnell, dass alles heiße Luft ist. Da steht dann das Pseudonym darunter.
Ich möchte aber Folgendes sagen: Ich habe dafür anderthalb Tage gebraucht und 1.600 Euro bekommen. Für meine taz-Kolumne, die sehr engagiert ist, wo ich mich weit aus dem Fenster lehne und wegen der ich es mir mit mehreren Leuten und auch mit einem Verlag so nachhaltig verdorben habe, dass ich dort nie wieder werde arbeiten können, bekomme ich 80 Euro pro Kolumne.

Haberbusch: Das heißt zugespitzt, Opel finanziert die Kolumne für die taz.

Burmester: Unbedingt, so muss man das sehen, lieber Herr Haberbusch.

Haberbusch: Wenn ich das jetzt richtig betrachte, ist der einzige Ausweg, der vielen Freien in den Sinn kommt, die Flucht in die PR. Aber darf es das sein? Frau Schnurr, wieso nimmt man nicht als Verein den Kampfauftrag an, dass man auch die Verlage zur Rede stellt? Wo machen Sie das zum Thema?

Dr. Schnurr: Ständig. Aber die Verlage reden nicht mit uns. Es gibt zum Beispiel derzeit Verhandlungen über die Vergütungsregeln im Magazinbereich, da verhandeln nur die Gewerkschaften und die Verlage miteinander. Bei den Tageszeitungshonoraren war es unserer Ansicht nach leider nicht so, dass es gute Ergebnisse gab.

Haberbusch: Herr Hinzpeter, wie sehen die Honorare bei Gesund Leben aus?

Hinzpeter: Wir zahlen nach Tagessatz, also nach Aufwand. Und wir haben unsere Tagessätze, seit es unser Blatt gibt, einmal gesenkt, im ersten Jahr nach Erscheinen, und seitdem sind sie stabil. Seit sechseinhalb Jahren zahlen wir den gleichen Satz, 250 Euro pro Tag für einen ausgebildeten Wissenschaftsjournalisten. Ich finde, das ist halbwegs fair. Aber natürlich kommen die Freien und sagen: „Seit fast 7 Jahren zahlt ihr das gleiche Honorar, jetzt wird es aber mal Zeit ..."

Haberbusch: Was antworten Sie?

Hinzpeter: Ich habe dieses Budget, ich habe den Zwang, ein Blatt profitabel zu halten. Ich ringe intern darum, daran etwas zu ändern, ich bin für unser Blatt Etatbeauftragter. Ich rede mit unseren Freien relativ offen über das Dilemma. Ich sehe aber natürlich auch die andere Seite. Ich bekomme regelmäßig Mails ungefähr folgenden Inhalts: „Hallo, ich bin freier Journalist, ich habe schon lange Medizinjournalismus gemacht, ich würde auch gerne für Sie schreiben, die ersten beiden Artikel sind kostenlos." Das weiß der Verlag natürlich auch.

Haberbusch: Ist das interessengesteuerte Kommunikation, von der Industrie finanziert?

Hinzpeter: Manchmal, so etwas wird uns auch angeboten. Deswegen sagte ich ja, das ist eine Abwehrschlacht.

Haberbusch: Frau Burmester, Journalisten machen keine PR: Wäre das ein Idealbild, was Sie zumindest nachts träumen könnten?

Burmester: Das träume ich auch tagsüber.

Haberbusch: Ich dachte, Sie arbeiten tagsüber.

Burmester: Ja, und weil es so anstrengend ist, träume ich zwischendurch zur Ablenkung. Es ist überhaupt gar keine Frage. Ich mache es notgedrungen, ich möchte PR nicht machen, ich würde gerne rein als Journalistin arbeiten.

Dr. Schnurr: Ich weiß nicht, ob da nicht auch ein sehr idealistisches Bild von Journalismus gezeichnet wird. Die erste Geschichte, die ich als Freie gemacht habe, war eine Reisegeschichte für eine große deutsche Zeitung. Dabei hatte ich vorher die klare Ansage, nichts Negatives zu schreiben. Ich habe das im Reisejournalismus so krass erlebt, dass ich dann auch relativ schnell aufgehört habe, Reisejournalismus zu machen. Da gibt es inzwischen eine Vermischung, die nicht mehr nur darin bemessen werden kann, ob man als freier Journalist PR macht oder nicht.

Haberbusch: Julia Friedrichs, sind Sie jetzt nachdenklich geworden?

Friedrichs: Nein. Es ist ein Riesenproblem, dass sich ganz viel Journalismus liest, als sei es PR. Aber ich finde diese Forderung, Journalisten machen keine PR, deshalb umso wichtiger. Denn wir können hier nicht immer konstatieren, was alles falsch läuft und dann sagen, da machen wir alle schön weiter mit.

Profession: Grenzgänger
Journalisten zwischen Journalismus und PR[1]

Thomas Schnedler

Gespaltene Persönlichkeit. Doppel-Ich. Mit dieser Diagnose hat Professor Dr. Klaus Kocks die Grenzgänger zwischen Journalismus und PR in einer Rede vor dem Deutschen Journalisten-Verband konfrontiert. Sein Therapievorschlag – die Befolgung eines Dekalogs, der Zehn Gebote der redlichen Kommunikatoren[2]. Aber ob das wirklich hilft?

Der DJV hat mich gebeten, gewissermaßen ein medizinisches Gegengutachten zu liefern, eine zweite Einschätzung der Symptome. Welche sind das? Möglicherweise müssen wir den Betroffenen Verwirrung attestieren angesichts der permanenten Grenzüberschreitungen zwischen Journalismus und PR. Wahrscheinlich müssen wir über Trugbilder und Halluzinationen sprechen, zum Beispiel über die trügerische Erwartung, im Auftrag von Unternehmen und Konzernen unabhängigen Journalismus machen zu können. Nicht ausgeschlossen ist, dass auch der Gegengutachter zu ähnlichen Befunden wie Klaus Kocks kommt.

Wie dem auch sei – der DJV hat sich entschieden, die Grenzgänger in den Mittelpunkt zu stellen. Das ist eine sehr gute Idee. Denn über die Akteure im Graubereich zwischen Journalismus und PR wurde bislang viel zu wenig diskutiert. Drei Punkte will ich deshalb ansprechen. Wo arbeiten sie, die Doppel-Ichs? Wie entstehen sie, diese Doppelexistenzen? Und: Welche Folgen hat ihr Handeln für die Betroffenen und den Journalismus? Beginnen wir mit der Diagnostik.

Wo arbeiten sie, die Doppel-Ichs?

Für alle gilt: Sie sind Pendler zwischen zwei Berufswelten, mal auf der Seite des Journalismus, dann wieder auf der Seite der PR. Das trifft vor allem auf viele freie Journalisten zu. Sie arbeiten oft nicht nur für Redaktionen, sondern auch für PR-Auftraggeber.

---

[1] Bearbeitete Fassung einer Rede bei der DJV-Fachkonferenz „Öffentlichkeit machen", 25.09.2009, Köln

[2] 1. „Schreibe, um zu nützen und zu unterhalten!"; 2. „Lasse die Grenzen Deines Horizonts erkennen. Und sei neugierig, weit darüber hinaus!"; 3. „Schreibe nichts, was Du nicht verstanden hast, auch wenn Du abschreibst!"; 4. „Verbirg nicht vorsätzlich Deine Interessen!"; 5. „Schreibe nichts, das Du nicht auch unterschreiben würdest!"; 6. „Nenne einen Gedanken Gedanke, Deinen Geschmack Geschmack und ein Geschäft ein Geschäft!"; 7. „Stelle Dich Kritik, wenn sie reinen Herzens ist!"; 8. „Die Welt ist eine Bühne, befriedige den Theaterbesitzer, aber achte Dein Publikum!"; 9. „Überschätze Deine Leser, jedenfalls unterschätze sie nicht!"; 10. „Wer schreibt, weiß, dass er unsterblich ist; aber auch, dass das Leben sich daran nicht hält!" – Die vollständige Rede von Prof. Dr. Klaus Kocks ist unter dem Titel „SKYLLA UND CHARYBDIS – Zur Orientierung zwischen PR und Journalismus" erschienen in MainzerMedienDisput (Hg.): Schweigen, Lügen und Vertuschen – Wenn die Wahrheit nicht mehr öffentlich wird. Mainz 2009, S. 100 – 106.

Manchmal machen sie damit sogar Schlagzeilen – so wie Lothar Gries, der Pressesprecher der Schutzgemeinschaft der Kapitalanleger im Sommer 2009. Zwei Jahre lang hat er nicht nur als Pressesprecher der Aktionärsvereinigung, sondern auch als ARD-Börsenreporter gearbeitet, als freier Mitarbeiter für die Online-Seiten der ARD-Börsenredaktion. Mal gab er selbst Interviews im Namen der Aktionäre, mal berichtete er über Aktien. Seine Rolle als ARD-Journalist sei es aufzudecken, „was sich hinter den Sprüchen der PR-Berater verbirgt", hieß es in seiner Selbstbeschreibung auf den Seiten der ARD. Gespaltene Persönlichkeit? Eindeutig.

Als der Fall im August publik wurde, forderte der Hessische Rundfunk Lothar Gries auf, sich für einen Beruf zu entscheiden. Das hat er getan: In Zukunft wird er ausschließlich als Journalist arbeiten, als freier Mitarbeiter der Börsenredaktion. Die Schutzgemeinschaft der Kapitalanleger hat vor einigen Tagen einen neuen Pressesprecher berufen. Die Berichte sorgten für Aufsehen, doch der Skandal blieb aus. Die Branche scheint sich schon zu sehr an diese Fälle gewöhnt zu haben, wo das eine in das andere übergeht.

Es gibt schließlich auch prominente Vorbilder: Sabine Christiansen engagierte sich zum Beispiel als so genannte „Markenbotschafterin" für Mercedes-Benz, wie epd Medien 2008 aufdeckte. Was macht eine Journalistin als „Markenbotschafterin"?

Sie moderiert Veranstaltungen von Mercedes-Benz, sie präsentiert sich bei anderen PR-Terminen, sie lässt den Daimler-Konzern vom eigenen Image profitieren.

Das führt mich zu Peter Voß, der sich wie eine ganze Reihe von Chefredakteuren soeben in den Dienst der Quadriga-Fachhochschule in Berlin gestellt hat – einer Einrichtung, wo man für eine PR-Ausbildung bis zu 26.000 Euro zahlen soll. Der ehemalige SWR-Intendant fungiert als Gründungspräsident, als Aushängeschild.

Das ist vor allem aus zwei Gründen problematisch. Zum einen könnten Peter Voss und die anderen Top-Journalisten ihre wohl knapp bemessene Zeit besser in die Ausbildung des eigenen Nachwuchses investieren. Zum anderen idealisieren sie die Rolle der PR-Profis, sie blenden Unterschiede und Fehlentwicklungen aus. Zitat: *„Sie leisten einen wesentlichen Beitrag zur Aufklärung der Öffentlichkeit (...). Sie übersetzen abstrakte und komplexe Themen und machen sie so verständlich."* Früher war das einmal die Funktionsbeschreibung für Journalismus. Heute sagt das Peter Voß in seinem Statement zur „Mission der Quadriga" über PR-Profis. Es sind aber nicht nur Freiberufler oder prominente Journalisten, die eine Doppelexistenz zwischen Journalismus und PR führen. Das Gleiche gilt mittlerweile auch für Tageszeitungsredakteure, die in den Beilagen-Redaktionen und in so genannten „Sonderveröffentlichungen“ ein gefälliges Umfeld für Anzeigenkunden schaffen müssen. Diese „Sonderseiten“ gaukeln den Lesern mit neutral klingenden Bezeichnungen vor, sie hätten ein unabhängiges, redaktionelles Angebot vor sich. In Wahrheit aber müssen Redakteure ihre Seiten der Anzeigenabteilung zum Gegenlesen vorlegen, kritische Passagen werden auf Wunsch der Marketingstrategen herausgestrichen oder gekürzt. Das hat mit Journalismus nichts mehr zu tun. Auch wenn die Redakteure die Titel renommierter Zeitungen auf ihrer Visitenkarte stehen haben.

Es gibt noch eine vierte Gruppe im Grenzbereich zwischen Journalismus und PR.
Das sind Redakteurinnen und Redakteure von Kunden- und Mitarbeitermagazinen, also im Corporate Publishing. So mancher PR-Redakteur reklamiert für sich, er betreibe Journalismus, denn die handwerklichen Anforderungen seien ja typisch journalistisch – bei der Recherche, beim Texten oder beim Blattmachen. Corporate Publishing sei deshalb so eine Art „Journalismus plus X“, Journalismus plus Kundenorientierung. Diese Orientierung an den Wünschen der Auftraggeber ist aber in Wahrheit ein „minus X“. Journalismus minus Unabhängigkeit, minus Vollständigkeit, minus Kritik. Im Ergebnis also Auftragskommunikation.

Verlage wie Gruner + Jahr wollen gerade in diesem Geschäftsfeld expandieren. Mit eigenen Tochterunternehmen produzieren sie Zeitschriften für die größten Konzerne Deutschlands. Gruner+Jahr-Chef Bernd Buchholz versicherte im SPIEGEL-Interview, dass das Geschäft mit Kundenzeitschriften „noch niemanden von einer investigativen Story abgehalten“ habe. Nehmen wir ihn beim Wort.

Wie entstehen sie, die Doppel-Ichs?

Grund Nummer 1: In Deutschland können weniger Menschen vom Journalismus leben als noch vor einigen Jahren. Das trifft vor allem freie Journalisten. Denn Sparen ist das Gebot der Stunde in Verlagen und Sendern, die Etats werden gekürzt, die Honorare sinken. Verleger sagen öffentlich, dass die Autoren ihrer Zeitungen ihr Geld woanders verdienen müssen. Für ihre Blätter zu schreiben, sei eine Ehre – und diene nicht dem Broterwerb. Die Konsequenz: Viele freie Journalisten brauchen weitere Einnahmequellen – und suchen sich lukrative PR-Aufträge. Das ist zwar nahe liegend und verlockend – aber auch gefährlich. Dazu gleich.

Zunächst die Fakten: Münchener Kommunikationswissenschaftler haben jüngst die Arbeitsbedingungen freier Journalisten untersucht. Sie kamen zu dem Ergebnis, dass 44 Prozent der befragten Freiberufler noch Nebentätigkeiten ausüben. PR und Werbung sind dabei die wichtigsten Felder. Der Hamburger Journalistik-Forscher Siegfried Weischenberg hat zudem herausgefunden, dass die Zahl der hauptberuflichen Freien sinkt. Er hat – repräsentativ – hauptberufliche Journalisten befragt, also Beschäftigte bei journalistischen Medien, die journalistische Tätigkeiten ausüben und vom Journalismus leben können, also mehr als die Hälfte ihres Einkommens aus dem Journalismus beziehen oder mehr als die Hälfte ihrer Arbeitszeit mit journalistischer Arbeit verbringen.

Weischenberg zieht ein schonungsloses Fazit: *„Viele Journalisten – Leute, die sich so nennen, die einschlägig ausgebildet sind oder einer Journalistenorganisation angehören – machen schon heute oft alles andere als Journalismus, sondern eher PR oder Werbung; sie verkaufen Reisen und verhökern die Glaubwürdigkeit ihres Berufs, weil sie mit der Arbeit für journalistische Medien nicht genug verdienen, um davon leben zu können.“*

Willkommen sind die freien Journalisten bei den PR-Profis übrigens nicht überall. Sie kennen vielleicht das Hans Leyendecker zugeschriebene Zitat – *„So wie der Fliesenleger Fliesen legt, so muss der Journalist recherchieren.“* Klaus Kocks hat das abgewandelt, politisch nicht ganz korrekt. Ihn stört das Lohndumping der Journalisten, die um PR-Aufträge buhlen. Er sagt: *„Was der Pole beim Fliesenlegen ist, das ist der Redakteur bei PR. Haltet Euch aus unserem Job raus – und hört auf, die Preise zu ruinieren.“*

Grund Nummer 2 für die Entstehung der Doppel-Ichs: Das Berufsbild wird umdefiniert.
Dieser Kongress des DJV zeigt das übrigens sehr schön. Er hat nicht etwa „Journalismus machen“ zum Thema, wie man das bei einem Journalistenverband erwarten dürfte. Nein. Dieser Kongress müsste eigentlich „PR machen“ heißen, wenn man sich das Programm und die Inhalte der Workshops anschaut. Man habe nach einer gemeinsamen Klammer für Journalisten und Pressesprecher gesucht, auch begrifflich, sagt der DJV. Heraus kam der seltsame Titel „Öffentlichkeit machen“. Das Problem ist – eine solche Klammer verschleiert die Unterschiede zwischen Journalismus und Public Relations.

Nach DJV-Meinung sind auch Presse- und Öffentlichkeitsarbeiter Journalisten. Das Berufsbild des DJV beschreibt dementsprechend die Tätigkeitsbereiche von Journalistinnen und Journalisten in Wirtschaft, Verwaltung und Organisationen. Michael Konken sagt, Öffentlichkeitsarbeiter seien Journalisten, denn sie tragen Informationen zusammen, bereiten diese auf und stellen sie einer Öffentlichkeit oder Teilöffentlichkeit zur Verfügung. Ich sage: Diese Definition von Journalismus ist von einer uferlosen Weite. Sie verdeckt die unterschiedlichen Berufsrollen von Journalisten und PR-Profis.

Journalisten recherchieren Gegenmeinungen, würdigen kritisch die Fakten, streben nach Unabhängigkeit und Vollständigkeit. PR-Schaffende hingegen sind ihrem Auftraggeber und vorgegebenen Kommunikationszielen verpflichtet. Es stimmt schon – sie tragen Informationen zusammen. Aber im Falle eines Falles verschweigen Pressesprecher Unangenehmes, sie selektieren die Informationen nach den Wünschen ihrer Arbeitgeber, also geleitet von partikularen Interessen. Die Definition des DJV verkennt diese elementaren Unterschiede.

Vor über vierzig Jahren, im Juli 1968, schrieb der SPIEGEL in einer Titelstory über die expandierende PR-Industrie: *„Sie haben eine Wissenschaft daraus gemacht, die Öffentlichkeit mit gezielter Information zu füttern, den Nutzen der Auftraggeber zu mehren, Schaden von ihnen zu wenden, ohne daß die Absicht erkennbar wird."* Das gilt mehr denn je.

Damit wir uns nicht falsch verstehen: Auf beiden Seiten gibt es Leute, die gute Arbeit leisten. Genauso wie es auf beiden Seiten Leute gibt, die ihren Job miserabel machen. Nicht alle Journalisten sind Engel, Pressesprecher sind nicht die Personifizierung des Bösen. PR an sich ist ein legitimer Job – sofern zu den Methoden nicht Täuschung, Recherche-Blockade oder Desinformation gehören. Aber es ist ein anderer Job. Pressesprecher und Öffentlichkeitsarbeiter sind nach meiner Überzeugung keine Journalisten, sondern eine eigenständige Berufsgruppe. Mit ganz eigenen Anforderungen, die sich von den Aufgaben im Journalismus unterscheiden. Das dürfen wir nicht aus den Augen verlieren. Die wechselseitigen Abhängigkeiten zwischen Journalismus und PR in der Praxis sind kein Grund, die grundsätzlich gegensätzlichen Berufsrollen in harmonischer Partnerschaft aufzulösen.

Der DJV ist mit seiner Aufweichung des Berufsbilds leider nicht allein. Auch in der Ausbildung vieler Nachwuchsjournalisten werden Journalismus und PR munter vermischt – Grund Nummer 3 für die Entstehung der Doppel-Ichs. Was heißt das konkret? Journalistik-Studierende müssen in ihren Seminaren PR-Konzepte erstellen, Volontäre absolvieren Ausbildungsstationen in Pressestellen, Fachhochschulen kreieren immer neue Kombinationsangebote für die Ausbildung zum multifunktionalen Kommunikationsdienstleister, Journalistenschulen übernehmen PR-Aufträge.

Es geht längst nicht mehr darum, sich aus der Perspektive des Journalisten kritisch mit den Methoden der PR-Profis auseinanderzusetzen. Das wäre ja in Ordnung. Heute geht es darum, das Handwerk der Gegenseite selbst zu erlernen. Die Zeit fehlt dann für Recherche-Übungen, für die Reflektion der eigenen Rolle bei der Verwendung von PR-Zulieferungen. Journalismus ist allerdings mehr als Handwerk.
Er ist Haltung.

Vor welchen Problemen stehen sie, die Doppel-Ichs?

Oder zunächst einmal: Halten die Betroffenen ihre professionelle Schizophrenie, die Klaus Kocks diagnostiziert hat, überhaupt für ein Problem? Ja, zumindest ein großer Teil von ihnen. Das zeigt zum einen eine aktuelle Untersuchung einer Hamburger Journalistik-Studentin, die für ihre Master-Arbeit jüngst freie Journalisten in Deutschland befragt hat. Nur etwa jeder Vierte der Befragten, die auch in der PR tätig sind, hält seine Doppelrolle für völlig unbedenklich. Zu ähnlichen Ergebnissen kam vor wenigen Jahren auch die Wissenschafts-Pressekonferenz, der Berufsverband der Wissenschaftsjournalisten, bei einer Mitgliederbefragung. Die Trennung von Journalismus und PR in einer Person hielten drei von vier Befragten für ein Problem.

Diese Journalisten stehen vor einer zentralen Frage: Können sie ihre journalistischen und PR-Auftraggeber unter einen Hut bringen, ohne ihre journalistische Glaubwürdigkeit zu gefährden? In der Diskussion wird oft suggeriert, dass eine saubere Trennung zwischen Auftraggebern oder Themenfeldern stets möglich ist. Wer aber genauer nachfragt, wer wissen möchte, nach welchen Kriterien ein freier Journalist seine PR-Arbeitsgebiete von den journalistischen Themenfeldern trennen soll, der wird nicht fündig. Die Berufsverbände begnügen sich mit unbestimmten Appellen an die Integrität der freien Journalisten. Experten geben widersprüchliche Ratschläge.

Soll der Freie niemals über seinen direkten PR-Auftraggeber – also beispielsweise ein Pharmaunternehmen, eine Sparkasse oder einen Verband der Energiewirtschaft – als Journalist berichten? Oder darf er auch über seine PR-Kunden berichten, wenn er es zeitlich trennt? Reicht das überhaupt? Sollte nicht besser das gesamte Metier seines PR-Auftraggebers für den Freien journalistisch tabu sein – also die komplette Pharmaindustrie, die Kreditwirtschaft oder die Energiebranche? Wenn das gelten soll, schließen sich zwingend weitere Fragen an: Wo beginnt das Geschäftsfeld eines Unternehmens? Wo endet das Fachgebiet eines Verbands? Wie weit reichen die Interessen eines Auftraggebers? Und vor allem: Nach welchen Regeln sollen mögliche Interessenkonflikte den Redaktionen und dem Publikum gegenüber offen gelegt werden?

Fragen über Fragen. Zahllose Grenzfälle sind denkbar – und ich habe große Zweifel, ob sich ein praxistauglicher Kriterienkatalog zur Trennung der beruflichen Sphären überhaupt finden lässt. Es gibt ihn bislang nicht.

Es ist doch auch so: Die Gesetzmäßigkeiten des freiberuflichen Arbeitens begünstigen die Grenzüberschreitung. Vor allem aus zwei Gründen. Erstens verlangt der Markt von vielen freien Journalisten, sich auf bestimmte Themen zu spezialisieren und ein klares Profil auszubilden. Wer jedoch auf bestimmten Gebieten – zum Beispiel im Bereich der Energiewirtschaft – eine hohe fachliche Kompetenz besitzt, ist nicht nur für Redaktionen, sondern automatisch auch für Energiekonzerne und andere einschlägige PR-Auftraggeber ein interessanter Partner. Ein spezialisierter Freier wird somit ständig in Versuchung sein, seine gefragten Fachkenntnisse doppelt zu verwerten. Freie Journalisten sind aber mehr als „Content"-Lieferanten, die für Geld alles schreiben oder produzieren.

Zweitens: Auch viele Redaktionen sind nicht ausreichend sensibilisiert. Sie nehmen in Kauf, dass sich ihre Autoren mit PR-Aufträgen quersubventionieren – oder raten sogar selbst dazu. Dabei müssten sie ihre freien Mitarbeiter eigentlich verpflichten, Verbindungen zu Unternehmen oder Verbänden der Redaktion gegenüber offen zu legen. Es gibt in den Redaktionen noch keine ausgeprägte Transparenzkultur, wie sie sich zum Beispiel bei medizinischen Fachzeitschriften seit einiger Zeit entwickelt. Dort wird verlangt, dass Autoren eventuelle Interessenkonflikte in einer persönlichen Deklaration gegenüber der Redaktion transparent machen. Im Journalismus ist so etwas vollkommen unüblich. Oft machen es die Redaktionen ihren freien Mitarbeitern zu leicht, sich mit einer Doppelexistenz zu arrangieren und mögliche Interessenkonflikte zu ignorieren.

Nicht so der Hessische Rundfunk, der aus dem Fall von Lothar Gries seine Lehren gezogen hat. Der Intendant des Senders, Helmut Reitze, hat an alle Mitarbeiter geschrieben. In seinem Brief heißt es: *„Die Tätigkeit eines Journalisten im hr – gleichgültig ob festangestellt oder in freier Mitarbeit tätig – ist nicht mit der eines Pressesprechers einer anderen Institution zu vereinbaren. Solche Tätigkeiten können zu Interessenkonflikten führen und die journalistische Unabhängigkeit des hr in Frage stellen. Dabei reicht allein der bloße Anschein, konkrete Beispiele von Berichterstattungen sind nicht einmal notwendig."*

Was können wir aus diesem Beispiel lernen? Es helfen nur klare Maßstäbe. Journalisten machen keine PR. Punkt. Das ist mein Therapievorschlag. Sie kennen diesen Satz aus dem Medienkodex von Netzwerk Recherche. Unser Verein hat – wie Klaus Kocks – eine Neigung zum Dekalog. Zehn Gebote hat er Ihnen in seiner Rede vorgelegt.
Zehn Punkte hat auch der Medienkodex, den Netzwerk Recherche 2006 präsentiert hat. *„Journalisten garantieren handwerklich saubere und ausführliche Recherche aller zur Verfügung stehenden Quellen"*, heißt es darin. Oder auch: *„Journalisten verzichten auf jegliche Vorteilsnahme und Vergünstigung."* Das ist in Deutschland keineswegs überall Realität. Gestritten wurde

aber über einen anderen Satz: Journalisten machen keine PR. Dieser Satz hat die Branche aufgeschreckt, er hat zum Teil heftige Kritik provoziert.

Ja, der Satz ist rigoros. Ja, er lässt keine Ausnahmen zu. Ja, er ist empirisch falsch – wie viele Studien, viele Beobachtungen im redaktionellen Alltag und auch diese Fachkonferenz zeigen. Aber gerade deshalb ist es so wichtig, ein normatives Leitbild zu formulieren. Diese Regel ist nach meiner Überzeugung die vernünftige Antwort auf eine Entwicklung, bei der die Glaubwürdigkeit des Journalismus immer weiter Schaden nimmt. Diese Regel ist daher ein Orientierungspunkt für die journalistische Praxis. Sie richtet sich an den einzelnen Journalisten ebenso wie an die Verantwortlichen in Sendern und Verlagen. Im Medienkodex in Punkt zehn heißt es deshalb: *„Journalisten erwarten bei der Umsetzung dieses Leitbildes die Unterstützung der in den Medienunternehmen Verantwortlichen."*

Für den Grenzgänger bedeutet diese Regel, dass er eine Entscheidung treffen muss. Public Relations oder Journalismus. Schluss mit dem Doppel-Ich.

Doppelrollen: PR in der Journalistenausbildung

Pflicht-Übung PR?

Was Journalisten in der Ausbildung lernen müssen

Dokumentation einer Podiumsdiskussion[1] mit Prof. Dr. Michael Haller, Prof. Dr. Klaus Kocks, Prof. Dr. Kurt Weichler und Andreas Wolfers

Prof. Dr. Volker Lilienthal: Nachwuchsjournalisten müssen bestimmt vieles lernen. Aber wir wollen uns heute auf die Frage fokussieren, inwiefern Public Relations in der Journalistenausbildung ein sinnvoller Bestandteil sind. Manche von Ihnen haben eben in diesem Saal Anne Landman vom US-amerikanischen Center for Media and Democracy gehört. Sie hat die These aufgestellt, dass gerade auch der kritische Journalist einiges Wissen braucht über Techniken von PR, um selbige durchschauen zu können.
Ganz neu ist das nicht: Marktteilnehmer, Hochschulplaner und auch Akkreditierungskommissionen, die Studiengänge darauf durchleuchten, ob es überhaupt gute Studiengänge sind, fordern seit einigen Jahren von den Lehrenden, sie sollten doch bitte PR in die Journalismus-Studiengänge integrieren. Ich würde zunächst gerne von dieser Runde wissen: Gibt es irgendeinen nachvollziehbaren Grund dafür?

Prof. Dr. Michael Haller: Wenn wir von Ausbildung reden, müssen wir uns zuerst vergewissern, was wir mit Journalismus meinen. Journalistenausbildung verstehe ich jedenfalls normativ. Das heißt, wir haben ein ganz bestimmtes Bild von der Rolle und von den handwerklichen Qualifikationen des Journalisten in dieser Gesellschaft, unbesehen der Frage, ob diese Gesellschaft diese Rolle durch hinreichend viele Arbeitsplätze bestätigt oder ob es auch Phasen gibt, in denen bestimmte Aufgabenfelder in der gesellschaftlichen Realität prekär sind.

[1] Die Diskussion fand statt bei der Fachkonferenz „PR und Journalismus – zwischen Konfrontation und Kooperation", einer Veranstaltung der Rudolf-Augstein-Stiftungsprofessur für Praxis des Qualitätsjournalismus an der Universität Hamburg und netzwerk recherche e. V. am 11. /12. Februar 2011 in Hamburg. Dies ist eine gekürzte, redigierte und autorisierte Fassung des Gesprächs.

Dieses normative Verständnis könnte man vielleicht so umschreiben: Journalisten sollten aus einer unabhängigen Position berichten und nicht für diejenigen schreiben, die bezahlen, also keine Auftragskommunikation durchführen. Das ist ein kompliziertes Feld, wie wir alle wissen, aber lassen wir es einfach mal als ein Gebot so stehen. Wir sind uns dabei gleichzeitig einig, dass sich hinter dem Wort Journalismus eine breite Palette ganz unterschiedlicher Tätigkeiten verbirgt. Das beginnt mit dem tagesaktuellen nachrichtlichen Journalismus, für den solche Prinzipien oder Grundsätze näherliegen, und reicht über die verschiedenen Publikumszeitschriften bis hin zu den Special-Interest-Zeitschriften, die dem nahe sind, was wir zum Thema Corporate Publishing gerade in einem Workshop diskutiert haben. Wir wissen alle, dass diese Grenzen fließend sind, und es wäre künstlich und pseudoakademisch, hier Demarkationslinien zu ziehen.
Vor diesem Hintergrund sind ganz bestimmte Anforderungen an die Journalistenausbildung zu stellen. Zu diesen Anforderungen gehören in erster Linie die Techniken und die Instrumente, die mit der Recherche zu tun haben. Das Zweite sind dann Informationsauswahl, Aufbereitungs- und Präsentationsweisen und dergleichen mehr. Auf dieser Tagung wurde eine Unterscheidung vorgeschlagen, der ich weitgehend folge: die Unterscheidung zwischen dem journalistischen Handwerk – dieses gebraucht man in anderen, mit dem Journalismus verwandten Tätigkeitsfeldern auch, siehe PR – und der Rolle des Journalismus, womit eben diese normative Aufgabenzuweisung gemeint ist. In der Journalistenausbildung gehören das journalistische Handwerk und das Berufsbild des Journalisten zusammen. Es ist natürlich eminent wichtig, dass die angehenden Journalisten lernen, mit den verschiedenen Quellen und Informanten kompetent umzugehen. Aus meiner Sicht gehörten die PR zu dieser Welt der Informanten und Quellen. Das heißt auch: Wenn solche Quellen mit camouflierten Techniken arbeiten und das journalistische Arbeiten quasi unterwandern oder für partikulare Einzelinteressen benutzen, dann muss auf der journalistischen Seite gegengehalten werden, indem die angehenden Journalisten eine akkurate Ausbildung vor allem in den Quellenüberprüfungstechniken bekommen. Dazu gehört auch zu lernen, wie Public Relations funktioniert, und welcher dirty tricks man sich dort bedient. Aber das heißt nicht, dass man nun einen Mix aus Journalismus und PR lehrt. Das halte ich für den falschen, den genau entgegengesetzten Weg.

Prof. Dr. Lilienthal: Herr Wolfers, wir haben eben im Panel mit Jan Spielhagen gelernt, dass Gruner+Jahr, also der Großverlag, der hinter der Henri-Nannen-Schule steckt, ein Big Player im Geschäft mit Corporate Publishing ist. Daraus leite ich jetzt in Form einer leichtfertigen journalistischen Vermutung ab, dass jetzt auch an der Henri-Nannen-Schule PR in die Ausbildung integriert wird. Was hätte Henri Nannen davon gehalten?

Andreas Wolfers: Sie haben es gerade selbst als leichtfertige Vermutung tituliert, das ist richtig. Denn das Ziel der Henri-Nannen-Schule ist die Ausbildung von unabhängig arbeitenden Journalisten, nicht von PR-Experten, deshalb spielt das Thema PR bei uns logischerweise eine sehr geringe Rolle. Wenn überhaupt, dann dient es dazu, das Feindbild zu schärfen. Wir machen unsere jungen Leute vertraut mit den PR-Strategien. Das machen wir, indem wir Kolleginnen und Kollegen aus der PR-Branche ab und zu als Abendgast einladen. Dann gibt es eine halbtätige Veranstaltung, die sich „Schlechter Journalismus" nennt. Dort wird über Fälle von Kolleginnen und Kollegen, die auf PR-Strategien hineingefallen sind, gesprochen. Meines Erachtens reicht das aus, um die jungen Leute bei uns gegenüber den Techniken und Verführungen der PR-Industrie zu sensibilisieren.

Prof. Dr. Kurt Weichler: Auch ich gehe nicht davon aus, dass Journalismus und PR dasselbe sind, sondern ich glaube, beides hat sehr unterschiedliche Funktionen in dieser Gesellschaft. Wir haben trotzdem einen etwas anderen Ansatz in Gelsenkirchen, was auch zeigt, dass man auf das Leben immer einen unterschiedlichen Blick haben kann. Wir gehen davon aus, dass die Studierenden heute sehr jung an die Hochschule kommen. In dem Alter weiß man gemeinhin nicht so unbedingt ganz genau, was man werden möchte. Unser Gedanke ist, dass die erst einmal zwei Jahre Journalismus und PR machen und sich dann – dann sind sie immerhin vielleicht schon 22, 23 oder 24 Jahre alt – für das entscheiden, was sie wirklich machen möchten. Das heißt, erst im fünften oder sechsten Semester – Herr Lilienthal wird das als Y-Modell bezeichnen – entscheiden sich unsere Studierenden für eine Richtung. Im Grunde werden sie im gleichen Handwerk geschult, um dann später unterschiedliche Funktionen zu haben.
Dahinter steckt natürlich auch die Beobachtung des Marktes, und der zeigt, dass sehr viele Journalisten in die PR wechseln. Das heißt, wir als Fachhochschule richten uns wahrscheinlich einfach stärker nach dem Arbeitsmarkt aus, so wie er ist, als es so manche Universität tut.

Prof. Dr. Lilienthal: Mit der Y-Struktur sind Studiengänge gemeint, in denen die Studierenden zum Beispiel in den ersten zwei Semestern zusammen Inhalte lernen, die in Journalismus und PR gleichermaßen gebraucht werden können. Allerdings zeigen Gespräche, die ich selbst mit Studierenden geführt habe, dass die PR-Studierenden in diesem ersten unteren Strang der Y-Struktur, bevor es sich dann differenziert, sagen: „Ich habe unheimlich viel darüber gelernt, wie Journalismus funktioniert. Das kann ich später anwenden." Die Journalismus-Studierenden hatten hingegen den Eindruck, sie hätten nicht so viel gelernt. Herr Kocks, Sie lehren Kommunikationsmanagement an der Universität Osnabrück. Was halten Sie von unserer Diskussion?

Prof. Dr. Klaus Kocks: Ich glaube nicht, dass man dadurch unabhängig wird, dass man kein Geld nimmt, sondern ich glaube, dass man abhängig dadurch wird, dass man doof ist. Ich würde deshalb ganz gerne, bevor ich über die Frage Ausbildung rede, über die Frage Bildung sprechen. Denn die Frage, über die wir hier reden, ist ja nicht das ständische Berufsbild, also Attitüden-Berufsbild, was Herr Haller beschrieben hat – Haltung plus Handwerk, das ist im Kern mittelalterliche Berufsordnung.

Wenn wir uns die akademische Situation ansehen, gibt es ein Publizistik-Studium, und das ist ein Bildungsstudium. Unterhalb dieser Ebene gibt es Fachhochschulen, die Ausbildungen machen. Das muss man sehr sauber trennen, weil man Bildungsfragen von Ausbildungsfragen trennen muss, jedenfalls wenn man einen akademischen Berufsbegriff hat und keinen ständisch-feudalen. Unterhalb dieser Ebene gibt es einen weiteren Bereich, nämlich die verlagseigenen Ausbildungsstätten, die ich hier nicht qualifizieren möchte. Darunter gibt es jetzt noch einen weiteren Bereich von Micky-Maus-Hochschulen von unterschiedlichen Anbietern, wie zum Beispiel die Quadriga-Hochschule in Berlin. Ich glaube, dass man über die ganze Kaskade reden muss. Die Grundsatzfrage dabei ist, wie gebildet sind meine Studenten, wessen Geistes Kind sind sie, wie verstehen sie sich als Staatsbürger. Jemand, der ungebildet ist, wird auch durch die Haller`sche Handwerks- und Attitüden-Schulung nicht intelligent.

Prof. Dr. Lilienthal: Die konträren Positionen sind jetzt schon recht deutlich geworden. Kurt Weichler, ich sehe ein Kompetenzproblem, da der Journalismus ein sehr anspruchsvoller Beruf ist, der mit den Zeiten eigentlich noch anspruchsvoller geworden ist. Warum sollte ich mich in einem 6-semestrigen Bachelor-Studium auch noch mit PR befassen, denn in dieser Zeit ist doch vor allem viel an Journalismus zu lernen, oder?

Prof. Dr. Weichler: Wir stellen unsere Leute etwas breiter auf. Ich gehe davon aus, dass unsere Studierenden oft noch einen Master-Studiengang belegen. Erst dann sind die Ausbildung und die Bildung komplett. Woanders würde man sagen, das ist der USP, das heißt, unser Studiengang bietet den Leuten, die vielleicht noch nicht ganz so genau wissen, was sie machen wollen, die Möglichkeit, etwas länger nachzudenken. Ich sage nicht, dass nichts Anderes geht. Es gibt ganz viele Einstiegsmöglichkeiten in den Journalismus, und das ist auch gut so. Wir sind ein Angebot von vielen.

Prof. Dr. Kocks: Wenn ich nur zur Differenz anmerken darf, damit das klar ist, das Y steht bei uns umgekehrt. Ich vertrete die Position, dass die Grundlage ein wissenschaftliches Studium ist und dass man sich auf dieser Grundlage einer gewissen Bildung in unterschiedliche Praxisarten verzweigen kann. Ich halte die Annahme, Erstsemester so zu schulen, dass sie dann hinterher verzweigen, für deshalb falsch, weil man im Grunde genommen in einem Grundstudium diese Entscheidung gar nicht treffen kann. Sie ist nämlich auch eine Frage dessen, welche Leidensfähigkeit man für Auftragskommunikation entwickelt und wie groß die Möglichkeiten der eigenen moralischen Spreizung sind. Ich glaube, dass ausgebildete Akademiker für sich die Frage entscheiden müssen, und zwar durchaus im Sinne der schon angesprochenen Trennung. Sie werden dann sehen, dass das Leben sie wieder zusammenführt.

Prof. Dr. Haller: Schön, Herr Kocks, dass Sie sich mit Ihrer Beschreibung jetzt gerade in Richtung Mittelalter zu bewegen scheinen, denn genauso sind zum Beispiel an den Universitäten Leipzig, Mainz, Eichstätt die erfolgreichen Journalistik-Studiengänge organisiert, nämlich als Master-Studiengänge, die auf einer Art Grundorientierung in einem Bachelor-Studiengang aufbauen. Das heißt, die universitäre Journalistenausbildung knüpft da an – ob Bildung oder nicht, das halte ich für eine echt akademische Debatte.
Das Konzept von Herrn Weichler würde ich mit dem Bild des Gesundheitsmanagers veranschaulichen, von dem wir nicht wissen, ob er Arzt oder Pharmakologe bei der Pharmaindustrie ist. Er ist weder das eine noch das andere, er sitzt dann sozusagen zwischen zwei Stühlen. Kein Wunder, dass er nachher auch im Markt vergleichsweise ratlos ist.
Das kann man von den Absolventen der eben genannten Journalistik-Studiengänge nicht sagen. Denn das Kennzeichen dieser universitären Studiengänge ist ähnlich wie in der Medizinausbildung oder bei den Juristen eine intensive Verschränkung von wissenschaftsbasiertem Wissen auf der einen und praxisorientiertem Erfahrungswissen auf der anderen Seite. Ein guter Studiengang – sorry, Herr Kocks – ist eine Art Reißverschluss, in dem das Wissenschaftswissen und das praktische Wissen zusammenfließen müssen.

Prof. Dr. Kocks: Was ich gesagt habe, ist noch zu höflich. Was Ihr macht, ist wissenschaftlich Dünnbrettbohrerei und Schönschreibübungen, und das ist kein wissenschaftliches Studium.

Prof. Dr. Haller: Das ist überhaupt nicht wahr.

Prof. Dr. Volker Lilienthal: Die Wirklichkeit ist doch, dass die Glücklichen diejenigen sind, die ein Bachelor-Studium absolviert haben, die ein Master-Studium absolviert haben und dann noch ein Volontariat ergattern, also im Grunde eine

dritte Ausbildung machen müssen. Das ist doch ein schreckliches Demotivationssignal, das der Markt, nicht die hochschulgebundene Ausbildung, an die junge Generation von Journalisten aussendet.

Prof. Dr. Haller: Ja, aber nicht in Dortmund und nicht in Leipzig, weil dort eben das Volontariat in das Studium integriert ist.

Prof. Dr. Weichler: Aber die ganze Ausbildung kann doch nicht von diesen beiden Studiengängen abgewickelt werden.

Prof. Dr. Haller: Nein, das ist ja nicht mein Reden. Ich frage, warum Studiengänge wie an Ihrer Fachhochschule und an vielen anderen den Studierenden etwas versprechen, was der Studiengang selbst nicht halten kann. Ich komme zurück auf mein Bild, dass Sie den Gesundheitsmanager ausbilden, der nicht als Arzt, aber auch als Pharmakologe nicht funktionieren kann.

Prof. Dr. Lilienthal: Herr Wolfers, nicht Ihre Probleme?

Wolfers: Nein. Ich sitze hier ja zwischen lauter Professoren und die Diskussion kommt mir jetzt etwas akademisch vor.

Prof. Dr. Kocks: Akademisch ist übrigens nicht für alle ein Schimpfwort.

Wolfers: Danke für den Hinweis. Sie sprechen ja auch von Mittelalter, wenn Sie von Handwerk und Haltung sprechen. Handwerk und Haltung sind bei uns an der Henri-Nannen-Schule im Grunde genommen die beiden Säulen unserer Ausbildung. Es ist ein mittelständischer Handwerksbetrieb, wir sind die Journalistenschule von Gruner+Jahr, SPIEGEL und ZEIT. Es gibt keine Noten bei uns, es gibt keinen Abschluss bei uns, es gibt eine Ausbildung, die darauf basiert, dass es bei uns mehrere Seminarblöcke an der Schule gibt und insgesamt vier Praktika von mehreren Monaten, bei renommierten Redaktionen.

Wenn ich mit den Ressortleitern dieser Redaktionen zusammensitze und wir darüber sprechen, was man an unserer Ausbildung ändern oder optimieren kann, dann höre ich Dinge wie Online-Recherche, Themengespür, Kleintexte. Ich habe noch nie gehört: „Macht bitte mehr PR in eurer Ausbildung“. Das ist für mich der schlagende Beweis, dass zumindest jene Redaktionen, bei denen wir unsere Schüler unterbringen, Leute brauchen mit journalistischen Grundtugenden, die dazu führen, dass ich PR-Kollegen genauso behandele, mit der gleichen Sorgfaltspflicht und dem gleichen gesunden Misstrauen wie andere Informanten auch. Dass ich darüber hinaus Kenntnis über bestimmte PR-Strategien habe, ist äußerst hilfreich in meinem redaktionellen Alltag, genau das versuchen wir zu vermitteln. Viel mehr Zeit möchte ich dem ganzen Thema in unserer Ausbildung aber nicht einräumen, denn es gibt wirklich genügend zeitraubende journalistische Handwerkstugenden zu lehren, für die die Zeit sowieso kurz ist.

Prof. Dr. Lilienthal: Herr Professor Kocks, Sie haben einmal in einem spontanen handschriftlichen Reflex auf die notwendige PR-Kritik, wie sie auch an meinem Lehrstuhl geübt wird, sinngemäß geschrieben: „Es gibt wichtigere Themen, es kommt darauf an, dass die Journalisten endlich lernen, die PR zu nutzen.“ Was meinen Sie damit?

Prof. Dr. Kocks: Journalisten müssen bereit und in der Lage sein, PR zu durchschauen. Ich habe doch als PR-Mann gar nichts gegen naive Journalisten – easy game. Aber wir reden jetzt über die Frage, was ich an elementarer Voraussetzung in dieser Welt denn nun haben muss. Und das ist etwas, was Historiker schon immer gekonnt haben – eine Quelle kritisch zu behandeln. Jeder anständige Historiker fasst jede Quelle mit spitzen Fingern an und glaubt erst mal, dass sie nicht stimmt. Über mehr rede ich ja gar nicht.
Ich glaube, dass die Segregation in der Ausbildung gar nicht nützt, weil es eine elementare Voraussetzung einer journalistischen Qualifikation ist, mit PR leben zu können, mit PR arbeiten zu können und PR für sich selbst nutzen zu können. Da muss ich mit großem Respekt sagen, dass vieles, was wir hier heute an Beispielen für den Umgang mit PR gehört haben, Abgründe der Naivität sind. Ich würde als Journalist hoffen, dass ich auf dem Stand des Gewerbes bin und einen Einblick bekomme; und ich als Zeitungsleser würde hoffen, dass da nicht Attitüdenhandwerker rumgefuhrwerkt haben, sondern Leute, die in der Lage sind, die PR-durchtränkte Informationsdarbietungsstruktur auch wirklich zu durchschauen.

Prof. Dr. Lilienthal: Den Eindruck der Naivität wage ich in Zweifel zu ziehen, weil dagegen die Systematik spricht, mit der die PR mittlerweile redaktionelle Inhalte infiltriert.

Prof. Dr. Kocks: Ja, das sage ich ja. Sie sagen Feindbild schärfen. Ich kann doch nicht ein Feindbild schärfen, indem ich die Augen schließe. Wenn ich die Augen schließe, blitzt es nicht?

Wolfers: Ich stimme Herrn Kocks ja völlig zu. Diese Konferenz hat eine ganze Menge Beispiele präsentiert, wo Journalisten auf PR-Aktivitäten hereingefallen sind. Das ist doch der beste Beleg dafür, dass wir – bitteschön – mehr in die Ausbildung von Journalisten investieren müssen, dass wir mehr handwerklich sauber arbeitende Journalisten brauchen. Wenn jetzt auf der redaktionellen Seite das Personal ausgedünnt wird, dann führt das oft zu dem, was Herr Kocks zu Recht mit Naivität der Journalisten kennzeichnet, dass immer mehr Redaktionen vorgefertigte Journalismus-Imitate übernehmen. Denn das ist nichts anderes als ein Journalismus-Imitat, wenn ich einen sende- oder druckfertig dargereichten Beitrag habe, der von einer PR-Agentur kommt.

Prof. Dr. Weichler: Aber das ist doch eine andere Baustelle, das hat mit den verschiedenartigen Ausbildungsgängen ziemlich wenig zu tun. Das hängt doch eher damit zusammen, dass der Journalismus immer weniger Geld wert ist; dass die Absolventen gar nicht die Möglichkeit haben, das auszuüben, was sie bei uns an der Hochschule gelernt haben. Wenn man denen erzählt, was eine Pendel-Recherche ist, dann weiß ich jetzt schon, dass sie das bei keiner Tageszeitung machen können, weil sie gar nicht die Zeit dazu haben. Das ist doch das Problem.

Prof. Dr. Kocks: In der PR haben wir Arbeitsbedingungen und Qualifikationen, die eben deutlich oberhalb dessen sind, was die wirklichen Feinde der Pressefreiheit – nämlich die Verleger – noch erlauben. Davor die Augen zu verschließen, ist einfach falsch. Wir haben eine große publizistische Aufrüstung auf unserer Seite. Ich glaube, dass Sie, weil Sie die Augen schließen, weil Sie das aus berufsständischen Gründen nicht wahrhaben wollen, sich selbst in diesem Prozess marginalisieren. Sie werden aufrechte, edle, arbeitslose Publizisten.

Wolfers: Ich glaube, Ihre Diagnose ist richtig. Was uns unterscheidet, ist, dass ich diese Diagnose mit einem Ausdruck des Bedauerns konstatiere, und Sie mit einem Ausdruck höhnischen Spotts, und das finde ich schade.

Prof. Dr. Kocks: Entgegen Ihrer Unterstellung begleite ich das nicht mit Wohlwollen. Sie kennen ja meine klassische Metapher dazu: Wir sind der Parasit einer freien Presse, wir haben kein Interesse daran, dass das Wirtstier derart schwächelt. Ich habe jetzt schon viermal auf der Tagung gehört, dass PR legitim sei, was ich genieße. Aber wir brauchen eure Liebe nicht, wir sind ökonomisch so gut aufgestellt, dass wir diese Art von Zuneigung gar nicht brauchen.

Stimmen von Absolventen: PR in der Journalistenausbildung?

York Pijahn, freier Journalist und Absolvent der Henri-Nannen-Schule

„Es hätte mich total interessiert, wenn in meiner Ausbildung ein PR-Berater zu uns gekommen wäre und gesagt hätte: Das ist The-Book-of-PR – und ihr dürft einen Blick hinein werfen und sehen, wie PR-Profis Journalisten manipulieren. Denn deren Trickkiste, die kenne ich fast überhaupt nicht."

Greta Taubert, freie Journalistin und Leipziger Journalistik-Absolventin

„Hintergrundwissen über die Techniken der PR schadet nicht. Aber die Verwebungen von Journalismus und PR sind weder wünschenswert noch akademisch förderungswurdig. Universitäten und auch Fachhochschulen müssen gerade in solch desolaten Zeiten ihre normative Kraft bewahren. Eine gekoppelte Ausbildung von Journalismus und PR reduziert beide Bereiche auf ihre handwerklichen Komponenten."

Sven Preger, freier Journalist (WDR, DRadio Wissen) und Dortmunder Journalistik-Absolvent

„Es gibt viele Dinge, die Journalisten helfen, ohne PR auszukommen. Aber in der Journalistenausbildung werden sie bislang nicht ausreichend berücksichtigt. Wer von denen, die ihr Studium abschließen, hat ein Seminar gemacht zum Thema Selbstorganisation? Wer hat mal etwas von der KSK oder dem Existenzgründungszuschuss gehört? Wer hat gelernt, mehrere Medien zu bedienen?"

Die Statements entstanden im Rahmen der Podiumsdiskussion „Fit für die Zukunft? Nachwuchsjournalisten zwischen Journalismus und PR" bei der Jahreskonferenz von netzwerk recherche e.V. am 14. Juni 2008 in Hamburg.

„Die BayernLB – eine völlig neue Bank“
Wie Interessenverbände junge Journalisten schulen

Isabelle Buckow

Es ist noch früh am Morgen, als ich mit dem ICE am Berliner Hauptbahnhof ankomme, eine Wegbeschreibung in der linken, die aktuelle Financial Times Deutschland in der rechten Hand. Unternehmensmeldungen, Marktanalysen, Börsennachrichten – das war meine Lektüre auf dem Weg von Hamburg nach Berlin. Regelmäßig lese ich Wirtschafts – und Finanzblätter nicht, doch heute muss ich vorbereitet sein. Ich bin unterwegs zu den „VÖB-Medientagen für Nachwuchsjournalisten“, um mich in der komplexen Welt der Finanzwirtschaft fortzubilden.

VÖB – hinter diesem Kürzel steckt der Bundesverband Öffentlicher Banken Deutschlands. Der Verband vertritt die Interessen von 62 Mitgliedsinstituten, darunter vor allem die Landesbanken und die Förderbanken des Bundes und der Länder. In Kooperation mit dem Journalistenverband Berlin-Brandenburg, einem Landesverband der Journalisten-Gewerkschaft DJV, organisiert der Bankenverband die „Medientage 2011“.

Das selbst erklärte Ziel: Aktuelle Wirtschafts – und Finanzthemen detailliert beleuchten und dem journalistischen Nachwuchs in Deutschland näher bringen. In diesem Jahr sollen Experten in mehreren Workshops über das Bankensystem Deutschlands informieren, erklären, wie man Bilanzen liest, und über die geplante Finanztransaktionssteuer referieren. Ein Höhepunkt sei ein Abendessen mit anschließendem Kamingespräch über den Dächern Berlins, verspricht der VÖB. Auf den ersten Blick klingt das nach einer guten Gelegenheit, mein Wissen über das Wirtschafts – und Finanzsystem Deutschlands zu vertiefen. In einem Newsletter für junge Journalisten wurde für die Veranstaltung geworben, für den Journalistenverband Berlin-Brandenburg ist das Seminar Teil der „Nachwuchsförderung“.

Im Jahr 2010 – drei Jahre nach dem Ausbruch der Wirtschafts – und Finanzkrise, als die Politiker in Deutschland über radikale Reformen der Landesbanken diskutierten – wurden die Medientage erstmals vom VÖB in Berlin organisiert. In diesem Jahr finden sie zum zweiten Mal statt. Ich scheine zur Zielgruppe des Verbands zu gehören, die Zusage kam prompt. Ich bin 26 Jahre alt, habe 2009 meinen Master in „Journalistik und Kommunikationswissenschaft“ an der Universität Hamburg gemacht und arbeite seitdem als freiberufliche Journalistin.

„Brauchen wir Landesbanken“?

Es ist 9.05 Uhr, ein frühlingshafter Tag im März, in 25 Minuten geht es los. Der Verband residiert zwischen Brandenburger Tor und Potsdamer Platz, aus den Fenstern blickt man in den Tiergarten, das politische Zentrum Berlins mit dem Deutschen Bundestag und dem Kanzleramt ist nicht weit. Obwohl ich früh dran bin, sind außer mir bereits fünf andere Teilnehmer eingetroffen. Mit dem Fahrstuhl geht es hinauf in den neunten Stock. Als sich die Türen öffnen, fällt mein Blick als erstes auf ein üppiges Büffet. Belegte Brote, Obst, Säfte, Kaffee, Tee, für jeden Geschmack ist etwas dabei.

Nach und nach kommen die anderen Nachwuchsjournalisten. Viele Männer sind im Anzug – mindestens jedoch im Hemd – erschienen. Dagegen sind die Frauen alle sehr leger gekleidet – viele tragen Jeans, Baumwollpullis, Turnschuhe. Die meisten Teilnehmer sind schon seit einiger Zeit im Berufsleben. Andere sind noch in der Ausbildung, machen ein Volontariat oder studieren. Viele kennen sich in der Banken – und Finanzwelt aus, manche haben sogar täglich damit zu tun. Sie arbeiten für „Euro am Sonntag“, „finanzmonitor.de“ oder die „Börsen-Zeitung“. Aber auch Redakteure, die für Tageszeitungen, Radiosender oder Nachrichtenagenturen arbeiten, sind zu den Medientagen gekommen.

Die Pressesprecher des VÖB, Stephan Rabe und Dominik Lamminger, gehen zwischen den jungen Journalisten umher, schütteln Hände, versichern, wie froh sie doch sind, dass wir alle gekommen sind. Es solle ein Netzwerk geschaffen werden, sagt Rabe, ein Netzwerk zwischen Nachwuchsjournalisten. Und natürlich ein Netzwerk zwischen dem VÖB und den Journalisten, also uns. Für später, falls der Verband einmal einen Ansprechpartner in den Redaktionen brauche. An den beiden Seminartagen solle uns Wissen über wichtige Fachthemen vermittelt werden, die uns im journalistischen Alltag immer mal wieder begegnen könnten, kündigt Rabe in seiner Einführungsrede an. Ihm sei ein offener Austausch mit den Teilnehmern wichtig, kritische Fragen seien ausdrücklich erwünscht. „Wir wollen Sie nicht belehren, wir wollen auch von Ihnen lernen“, betont Rabe.

Dann geht es los. Der erste Workshop trägt den Titel „Wege aus der Krise – brauchen wir in Deutschland Landesbanken?“ Das ist wohl nur eine rhetorische Frage, denke ich, denn es referiert Matthias Lucke, Pressesprecher der BayernLB.

Ein spannender Gast. Seine Bank verlor jüngst durch Fehlspekulationen Milliarden, der Steuerzahler musste einspringen. Allein der Fehlkauf der Hypo Group Alpe Adria sorgte für einen Verlust in Höhe von 3,7 Milliarden Euro. Der vom bayerischen Landtag eingesetzte Untersuchungsausschuss zog ein vernichtendes Fazit: Die Risiken des Geschäfts wurden nicht ausreichend geprüft, kaufmännische Grundsätze grob missachtet. Zu allem Überfluss sitzt auch noch ein ehemaliges Vorstandsmitglied der BayernLB seit Anfang des Jahres in Untersuchungshaft. Gerhard Gribkowsky fädelte den Verkauf der Formel-1-Anteile der BayernLB ein – und kassierte möglicherweise ein Bestechungsgeld in Höhe von 50 Millionen Dollar. Die Staatsanwaltschaft wirft ihm Bestechlichkeit, Untreue und Steuerhinterziehung vor. Die Boulevardpresse nennt den früheren BayernLB-Manager bereits „Deutschlands größten Gauner".

„Das stimmt nicht!"

Von diesen Skandalen ist bei Matthias Lücke erst einmal nicht die Rede. Er spricht allgemein von der Bedeutung der Landesbanken, erklärt uns den Bankenmarkt in Deutschland. Dann kommt er auf die Finanzkrise zu sprechen. *„Die Landesbanken an sich sind eher konservative Konstrukte und auch sehr vorsichtig"*, sagt er. Auch im Geschäft mit den Schrottpapieren der USA seien die Landesbanken niemals bewusst ein Risiko eingegangen. *„Es konnte ja keiner ahnen, dass es zu einer Pleite auf dem US-Immobilienmarkt kommen würde"*, sagt er. Niemand habe die Banken gewarnt, die Papiere hätten als sicher gegolten.

Neben mir holt eine Teilnehmerin, die für den „Spiegel" arbeitet, tief Luft. *„Jetzt reichts"*, sagt sie. *„Als würden wir keine Zeitung lesen."* Ihr rechter Arm schnellt in die Höhe. *„Das stimmt nicht! Die Bundesbank hat schon Jahre vorher davor gewarnt, dass die Immobilienblase platzen könnte. Warum wurden die Papiere nicht rechtzeitig verkauft?"* Die scharfe Frage trifft Lücke völlig unvorbereitet. Eine passende Antwort hat er nicht parat. *„Ich will hier auch gar nichts rechtfertigen"*, sagt er. *„Dass die Banken einen großen Fehler gemacht haben, steht außer Frage."*

Diesen Satz will Dominik Lamminger, stellvertretender Sprecher des VÖB mit Guttenberg-Frisur und Hornbrille, so nicht im Raum stehen lassen. Die Landesbanken hatten gar keinen Grund, sich Sorgen zu machen, ruft er mit schriller Stimme, er wirkt aufgeregt. Immerhin waren das ausnahmslos als „sehr gut" eingestufte Papiere, sagt er, keine Schrottpapiere.

Lamminger ist nicht zu beneiden. Er hat derzeit keine leichte Aufgabe. *„Fast alle deutschen Landesbanken sind vom Größenwahn befallen gewesen"*, schrieb Altbundeskanzler Helmut Schmidt 2009 in der „Zeit". Und „Der Spiegel" resümierte: *„Die HSH Nordbank wollte der weltgrößte Finanzier von Containerschiffen werden. Die WestLB glaubte, im globalen Investmentbanking mitspielen zu können. Die BayernLB wollte den Osten erobern – alle drei scheiterten grandios."* Die Landesbanken gerieten in wirtschaftliche Schieflage, mussten mit Finanzspritzen vom Staat gerettet werden. Der politische Druck, der seither auf ihnen lastet, ist hoch. Doch noch größer ist wohl der Imageschaden, den die Banken im Verlauf der Finanzkrise genommen haben. „BayernLB – die Pannenbank“, „Blindflug ins Desaster“, „Verzockt, versagt, vertuscht“ – die Landesbanken kamen aus den schlechten Schlagzeilen kaum noch heraus. Es gibt viel zu tun für Lamminger und Rabe.

„Die Banken müssen aus der Krise lernen“, ergreift Lücke erneut das Wort. Er versucht, das Gespräch wieder in die richtige Bahn zu lenken. Zumindest die BayernLB habe aus der Krise gelernt. *„Wir haben jetzt eine ganz neue BayernLB“*, sagt er. Das ist seine Kernbotschaft, er wiederholt sie mehrfach. Eine völlig neue Bank, die für die Vergehen der Vergangenheit nicht mehr herangezogen werden könne. *„Damit hat die neue BayernLB nichts mehr zu tun“*, sagt er. Lücke betont: Es wurde alles dafür getan, die Fehler wieder zu bereinigen, die Verantwortlichen wurden entlassen, noch einmal passiert so etwas nicht. In Zukunft solle das Geschäft mit dem Mittelstand wieder im Vordergrund stehen. Zurück zu den Wurzeln, sozusagen.

Zwei Teilnehmerinnen lassen nicht locker. Immer wieder bringen sie Lücke mit ihren Fragen in Verlegenheit. Ich wundere mich, dass offenbar nur die beiden jungen Frauen die Argumente des Pressesprechers der BayernLB kritisch hinterfragen. Die meisten Teilnehmer zeigen keine Reaktion, hier und da legt jemand die Stirn in Falten, das ist alles. Auch Daniel Falk schweigt während des Streits in unserem Seminarraum. Er sitzt für den Journalistenverband Berlin-Brandenburg dabei, hält sich zurück, nimmt keinen Einfluss auf die inhaltliche Diskussion.

Ich habe den Eindruck, der BayernLB-Pressesprecher redet sich um Kopf und Kragen. Er versucht, die Schuld der Landesbanken für die Verluste in der Finanzkrise herunterzuspielen. Wie ungeheuer wichtig ihm seine Botschaft ist, zeigt sich noch einmal in der Mittagspause. Er sucht das Gespräch mit den Teilnehmern, stellt sich zu uns an den Stehtisch. Man dürfe die neue BayernLB wirklich nicht mit den Vergehen der Vergangenheit in Verbindung bringen, wiederholt er. Ich blicke auf meine mit Käse überbackene Kartoffel und schweige.

Offene Fragen

Am Abend ist dann ein Redakteur von Spiegel Online, Sebastian Fischer, Ehrengast. Er kommt zum „Dinner über den Dächern Berlins“, wie es der VÖB nennt. Nach drei Gängen beginnt er mit seinem Vortrag. Soll er ein Gegengewicht zu den Positionen des Verbands sein? Aus unabhängiger Perspektive die Rolle der Landesbanken in der Finanzkrise beleuchten? Nein. Fischers Vortrag hat mit Banken und Finanzen so gar nichts zu tun. Er erzählt von den Strukturen und der Arbeitsweise bei Spiegel Online, spricht über Qualität im Online-Journalismus und die Ausbildungsmöglichkeiten für Nachwuchsjournalisten. Eine Einordnung der Botschaften des VÖB? Fehlanzeige. Stattdessen wird uns das Dessert serviert.

Nach dem Essen lädt Rabe zu einem Drink auf die verglaste Dachterrasse ein, von dort habe man eine fantastische Sicht, sagt er. Also geht es eine Etage höher, rauf auf die Dachterrasse, die wie eine Lounge eingerichtet ist. Schwarze Ledersofas stehen in Gruppen zusammen, bunte Lampen tauchen den Raum in ein angenehmes Licht. Säfte, Bier und mehrere Flaschen Wein stehen für uns bereit. Wer hier wohl sonst so feiert? Bankmanager, Parlamentarier, Lobbyisten? Der VÖB investiert Hunderttausende pro Jahr in die Lobbyarbeit, er agiert in Berlin und Brüssel.

Rabe und die anderen mischen sich auf der Dachterrasse unter die Teilnehmer, suchen das Gespräch. Ich halte lieber Abstand. Ich bin nicht hier, um neue Freunde zu finden oder Kontakte mit Bankexperten zu knüpfen. Ich bin hier, um etwas zu lernen. Doch bislang habe ich den Eindruck, dass viele Fragen offen geblieben sind.
Der Workshop „Bilanzen lesen und verstehen", von dem ich mir viel erhofft hatte, war ein Flop. Ich war gespannt, hielt meinen Kugelschreiber bereit. Doch der Vortrag entwickelte sich zu einer didaktischen Katastrophe. Der Referent hatte eine 54-seitige Präsentation ausgearbeitet, stoisch arbeitete er die Folien ab, warf mit Fachbegriffen um sich, verzichtete auf praktische Beispiele. Ich schaute mich um und blickte in lauter fragende Gesichter. Daniel Falk vom Journalistenverband bat, das Thema an ein paar praktischen Beispielen zu erklären. Doch der Dozent wollte lieber seine Powerpoint-Präsentation zeigen.
Vielleicht ist das ja die Rolle des Journalistenverbands bei diesem Seminar, eine Art Vermittlung zwischen den Nachwuchsjournalisten und den Bankexperten, denke ich. In der Begrüßungsrede hatte Falk betont, dass dem Journalistenverband die Nachwuchsförderung besonders wichtig sei. Während des Vortrags von Sebastian Fischer hatte er dann gezielt Fragen nach Ausbildungsmöglichkeiten, Arbeitsweisen und Qualitätsansprüchen bei Spiegel Online gestellt. Doch in den Workshops saß er meist schweigend zwischen Lamminger und Rabe. Er wies die Referenten auf Wortmeldungen der jungen Journalisten hin und bat hin und wieder um die Erklärung von Fachausdrücken wie „Basel III". Aber reicht das, wenn ein Lobbyverband junge Journalisten schult? Wer, wenn nicht der kooperierende Journalistenverband, sorgt für vollständige und ausgewogene Informationen, gerade bei politischen Fragen?[1]

„Steuer gegen Armut"

Meine Zweifel werden am nächsten Tag noch größer. Zunächst erfahren wir,

[1] Der Journalistenverband Berlin-Brandenburg wollte auf Anfrage nicht Stellung nehmen und keine Fragen beantworten.

dass die Deutsche Kreditbank (DKB), eine Tochter der BayernLB, zu den erfolgreichsten Direktbanken in Deutschland gehört. Die Kundenzufriedenheit sei hoch, fünfmal sei die Bank als „Top Arbeitgeber“ ausgezeichnet worden, der Markt wachse. Zweieinhalb Stunden dauert der Workshop, in der uns die „fokussierte Multispezialbank“ für „internetaffine kreditkartenfähige Privatkunden“ präsentiert wird.

Dann steht die Finanztransaktionssteuer auf dem Programm. Das ist derzeit wohl eines der wichtigsten politischen Themen für den Verband, denn in der schwarz-gelben Bundesregierung wird seit längerem über die Einführung einer Finanzmarktsteuer diskutiert. Mit dem Instrument sollen „risikoreiche Spekulationsgeschäfte eindämmt“ werden, heißt es auf der Homepage des Bundesfinanzministeriums. Die Finanzbranche lehnt das Vorhaben jedoch kategorisch ab.

Es kann also wieder nur eine rhetorische Frage sein, die Thomas Ihering, Abteilungsdirektor Recht beim VÖB, über seinen Vortrag stellt: *„Richtige Weichenstellung oder falscher Alleingang?“* In der Tat: Das Referat ist eine einzige Wiederholung der schriftlichen Stellungnahme, die der VÖB vor ein paar Monaten formulierte, als der Finanzausschuss des Deutschen Bundestags den Verband zu einer öffentlichen Anhörung eingeladen hatte. Zweieinhalb Stunden lang hangelt sich unser Dozent an dem Papier entlang, gibt die ausgearbeiteten Argumente wieder, versucht uns klar zu machen, dass die Einführung der Finanztransaktionssteuer so ziemlich die sinnloseste Maßnahme ist, um Spekulationen zu unterbinden, den Finanzmarkt zu stabilisieren und künftige Finanzkrisen zu verhindern. Die Steuer, die vor allem von Bundesfinanzminister Wolfgang Schäuble (CDU) vorangetrieben wird, sei keine Lösung, da ist Ihering sich sicher.

Doch obwohl das Thema für viel Zündstoff in Medien und Politik sorgt, gibt es heute kaum kritische Nachfragen. Die meisten Teilnehmer wirken müde und erschöpft, zwei Teilnehmer sind gar nicht erst zum zweiten Veranstaltungstag erschienen.

In seinen Vortrag hat Ihering zwei kurze Videos eingebaut, die von den Kampagnen „Robin Hood Tax“ und „Steuer gegen Armut“ in Umlauf gebracht wurden. Beide Kampagnen setzen sich für die Einführung der Finanztransaktionssteuer ein. In dem hierzulande wohl am meisten verbreiteten Video von „Steuer gegen Armut“ treten die Schauspieler Heike Makatsch und Jan Josef Liefers auf, sie erklären die Chancen einer solchen Steuer in dem knapp dreiminütigen Clip. Ich kenne das Video, habe es vorher schon einmal gesehen. Es überzeugt mich.

Das soll nach dem Willen des VÖB nicht so bleiben – und deshalb arbeitet sich jetzt Thomas Ihering an dem Video ab. Er will die Argumente der Gegenseite systematisch entkräften. Zwar sei vieles von dem, was im Video gesagt wurde, richtig, räumt er ein. Doch ein wichtiger Aspekt sei außer Acht gelassen worden: *„Die Finanztransaktionssteuer trifft nicht nur die Banken, sondern alle“*, sagt er. Dass die Steuer-Einnahmen tatsächlich in die Entwicklungshilfe fließen, wie behauptet wird, bezweifelt er sowieso. Denn aus seiner Sicht ist die Finanztransaktionssteuer nicht mehr als ein Instrument der Bundesregierung, um zusätzliche Einnahmen für die Haushaltskonsolidierung zu erzielen.

Ihering hofft wohl, dass er uns zum Nachdenken anregen kann. *„Armut, Klimawandel, Entwicklungshilfe – das alles sind Schlagworte, auf die man im politischen Diskurs positiv reagiert“*, sagt er. *„Aber letztlich geht es doch nur darum, Stimmen einzufangen und Begeisterung beim Wähler zu wecken.“*

„Aus diesem Blickwinkel habe ich das noch gar nicht betrachtet“, merkt ein Student aus Mittweida an. Stephan Rabe nickt zustimmend, dreht sich auf seinem Stuhl zu den Teilnehmern um. *„Da können Sie mal sehen, wie vielschichtig Lobbyarbeit ist“*, sagt er bedeutungsschwer. Mit geschickten Mitteln und tollen Schauspielern werde versucht, ein Bild zu erzeugen, dass in der Wirklichkeit so nicht haltbar sei.

Ins rechte Licht

Ich kann mir ein Grinsen kaum verkneifen. Denn den besten Beweis für die Raffinesse der PR – und Lobbyarbeit einer Interessengruppe liefert uns der VÖB mit diesen Medientagen selbst. Es geht keineswegs nur darum, jungen Journalisten aktuelle Wirtschafts – und Finanzthemen näher zu bringen, wie es auf der Homepage angekündigt wurde. Vor allem geht es darum, unter dem Deckmantel der Nachwuchsförderung eine junge Generation von Journalisten im Sinne des Verbands und seiner Mitglieder zu beeinflussen und das Bild der Banken wieder ins rechte Licht zu rücken. Und die Kooperation mit dem Journalistenverband Berlin-Brandenburg scheint ein cleverer Schachzug zu sein, um vom guten Ruf der Journalistenvertretung zu profitieren.

Als VÖB stehe man bei allen Fragen als Ansprechpartner für fachliche Themen zur Verfügung, heißt es zum Abschied, vor allem in Hinblick auf die journalistische Berichterstattung. Einen kurzen Draht zu den Lobbyisten der Landesbanken habe ich also jetzt. Aber was, wenn ich in Zukunft über ein Finanzthema schreiben soll? Ein Zertifikat bescheinigt mir zwar, dass ich an den verschiedenen Workshops teilgenommen habe. Allerdings waren viele Informationen so einseitig, dass ich davon kaum etwas im journalistischen Alltag gebrauchen kann. Wie sehr man als junger Journalist bei Veranstaltungen dieser Art auf der Hut sein muss, habe ich in diesen zwei Tagen also gelernt. Doch Bilanzen lesen kann ich immer noch nicht.

Kampf ums Recht

Mit Litigation-PR versuchen Kläger und Angeklagte, die Richter außerhalb des Gerichts zu beeinflussen. Diese Strategie wird immer wirkmächtiger. Deshalb muss die Branche sich Regeln geben.

Stephan Holzinger

Litigation-PR ist gegenwärtig in vieler Munde – und das nicht erst seit der „Jahrespressekonferenz" des Bundesgerichtshofs 2009. Da sprach dessen Präsident, Klaus Tolksdorf, vor den hierzulande tonangebenden Rechtsjournalisten öffentlichkeitswirksam und in martialischer Diktion gar von einem „Sturmangriff" auf die Rechtsprechung und warnte davor, über die Medien „Einfluss und Druck" auf Richter auszuüben.

Andererseits kratzt eine empirische Studie der Universität Mainz über den Einfluss der Medien auf Staatsanwaltschaften und Gerichte sichtlich am gesellschaftlichen Tabu der richterlichen Unabhängigkeit[1]. Sie belegt den insgesamt hohen Einfluss der Medien auf das Verfahren und seine Akteure, freilich mit einer stark abnehmenden Zustimmung bei den Befragten, je näher es in Richtung der Kernfrage eines Strafverfahrens ging, der Schuld oder Unschuld einer angeklagten Person.
Die vor allem durch die Mannesmann-, IKB- und WestLB-Verfahren bekannte Richterin Brigitte Koppenhöfer scheint die wissenschaftlichen Ergebnisse der Mainzer Studie in ihrer richterlichen Praxis zu bestätigen. Sie ließ sich in der Ankündigung für einen Talkshow-Auftritt jüngst damit zitieren, dass sie die Medien wie einen „unsichtbaren Schöffen" im richterlichen Beratungszimmer beobachten würde – eine mutige, wenn nicht gar freimütige Äußerung, die unter Umständen ihrem Ausscheiden aus dem Justizdienst zum 1. April 2011 geschuldet ist.

---

[1] Siehe auch Kepplinger u.a.: „Wir Richter sind auch nur Menschen" in der FAZ vom 11. Januar 2008

Richter sind auch nur Menschen

Früher schon kritisierte sie ihre Berufs- und Laienkollegen dafür, dass sich diese manchmal den realitätsfremden Anschein der Unbeeinflussbarkeit geben[2]. Keine Frage: Auch Richter und Staatsanwälte sind nur Menschen. Natürlich kann sich jeder gut vorstellen, dass sie Medienberichte über „ihren" Fall gezielt verfolgen – sich gar heimlich ärgern oder in ihrer Eitelkeit verletzt fühlen, wenn sie ein Journalist vielleicht mit einer „Schlagseite" porträtiert. Oder wenn Medienvertreter juristische Termini durcheinanderbringen. Und sich womöglich betroffen oder gar beeindruckt zeigen, wenn ein gewaltiges Medienecho mehrheitlich Partei für oder gegen eine Prozesspartei oder einen Angeklagten einnimmt.

Seitens der Litigation-PR jedoch faktisch den Anspruch zu erheben, über eine Instrumentalisierung der Medien ein Gericht gezielt beeinflussen zu können, ist eine höchst bedenkliche Anmaßung gegenüber der Justiz und zugleich eine Beleidigung zumindest der Qualitätsmedien, die manipulatives Eingreifen der PR-Profis nicht nur überwiegend erkennen, sondern damit auch gelassen umzugehen wissen.

Was aber, wenn sich eine überregionale Tageszeitung als Plattform für einen frontalen, in seiner Aggressivität (und auch Erfolglosigkeit) bis dato beispiellosen Angriff auf ein Gericht in einem bedeutenden Strafverfahren hergibt? So geschehen in der Financial Times Deutschland, die dem PR-Berater des Angeklagten Alexander Falk, dem ehemaligen Bild- und Bunte-Mann Hans-Hermann Tiedje, gleich eine ganze Seite für eine – so wörtlich – *„wütende Anklage gegen das Gericht"* – zur Verfügung stellte[3]. An der Realität der Litigation-PR-Praxis in diesem Land gehen solche Fälle jedoch weitgehend vorbei.

Zunächst und in aller Kürze: Litigation-PR findet hier vorwiegend in zivilrechtlichen Verfahren statt. Kläger, die entweder eine außergerichtliche Einigung forcieren oder einer eingereichten Klage zu mehr Bedeutung beim Anspruchsgegner verhelfen wollen, setzen Litigation-PR ein, um die Gegenseite im „Gerichtssaal der öffentlichen Meinung" anzugreifen. Eher laut, zumeist überraschend und manchmal auch perfide: Kann es wirklich Zufall sein, wenn eine aufgepumpte Klage just am Tag der Hauptversammlung, bei einer Produktpräsentation mit dem Vorstand oder einer Analystenkonferenz bekannt gemacht wird?

Beklagte setzen Litigation-PR dafür ein, dass einer offensiv vorgetragenen Klage oder Klagedrohung möglichst rasch die mediale Substanz entzogen wird, nachdem immer mehr Firmen

[2] Siehe auch: „Der unsichtbare Schöffe", www.lto.de/de/html/nachrichten/1670/Derunsichtbare-Schoeffe/
[3] Hans-Hermann Tiedje: „Schuldig im Sinne der Ankläger" in FTD vom 29. Januar 2008

oder Wirtschaftsführer die Erkenntnis gewinnen, dass ein stures „Kein Kommentar" sie nicht nur um die Chance einer ausgewogenen Berichterstattung bringen kann, sondern von der Öffentlichkeit überwiegend auch als ein zumindest indirektes Schuldeingeständnis interpretiert wird. Litigation-PR auf der „Defense"-Seite ist traditionell etwas leiser, diskreter, sie agiert mehr im Hintergrund wie zum Beispiel mit Expertengesprächen über die mangelnde Erfolgsaussicht einer Klage.

Das „get me into the news"- oder „get me out of the news"-Spiel funktioniert im Strafrecht anderweitig: In Strafverfahren treten Litigation-PR-Experten auf der Seite des Beschuldigten bzw. Angeklagten auf. Ihre hauptsächliche Aufgabe besteht darin, die öffentlichkeitswirksamen Aktivitäten der Staatsanwaltschaft zu verfolgen und, falls erforderlich, korrigierend einzugreifen, um den Beschuldigten bzw. Angeklagten so weit wie möglich vor einer medialen Vorverurteilung zu schützen – eine Aufgabe, die leider inzwischen nicht mehr nur auf Boulevardmedien abzielt.

In der Nische

Auch schon vor dem viel diskutierten Fall Kachelmann stellte sich die Frage, ob einzelne Staatsanwaltschaften in der Öffentlichkeit über das Ziel hinausschießen – was den Zeitpunkt ihres „going public" in einem Fall oder ihren grundsätzlichen Umgang mit den Medien betrifft[4]. Zum Presseskandal in einem Justizdrama taugen gar die höchst zweifelhaften Aktivitäten der preisprämierten Zeit-Journalistin Sabine Rückert im Kachelmann-Prozess: Sie soll Kachelmanns Verteidiger einen Anwalt empfohlen haben, den sie für kompetenter hält, und mit „Vorteilen" in der Berichterstattung gelockt haben, wenn der Angeklagte denn ihrem Rat folgen würde[5]. Medien beeinflussen die Rechtsprechung, aber wer schaut Gerichtsreportern auf die Finger?

Während Litigation-PR in ihrem Stammland USA (überwiegend systembedingt) bereits ihren festen Platz in Strafverfahren hat und dort längst eine anerkannte Disziplin ist, sucht sie in Deutschland in diesem Bereich noch ihre Nische – im Kontext des häufig besonders ausgeprägten Selbstbewusstseins von Strafverteidigern und Medienanwälten, die zwar alles über Medienrecht wissen, aber manchmal sehr wenig von Medien verstehen, ein eher schwieriges Unterfangen.

Auch Litigation-PR setzt auf das klassische PR-Instrumentarium: Eine auf ver-

[4] Siehe auch Leyendecker, Hans: „Staatsanwälte betreiben heute eine völlig andere Öffentlichkeitsarbeit als früher" im PR Magazin 6/2008

[5] Siehe auch Quoirin, Marianne: „Kachelmann-Anwalt unter Druck" im Kölner Stadt-Anzeiger, http://www.ksta.de/html/artikel/1278663521648.shtml, dazu eine Stellungnahme von Sabine Rückert in Walther, Katy: „Im Namen des Rechts?" In: Medium Magazin, Heft 9/2010 (http://www.mediummagazin.de/archiv/2010/ausgabe-09-2010/im-namen-des-rechts/)

schiedenen Szenarien und einer Medienanalyse fundierte Kommunikationsstrategie mit Kernbotschaften, einer durchdachten „Nachrichtendramaturgie“, einen „Argumenter“ mit den kritischsten zu erwartenden, fallspezifischen Fragen und den plausibelsten Antworten, Pressemitteilungen und -konferenzen. Also viel Aufregung um nichts wirklich Neues?

Nicht ganz. Denn Litigation-PR-Experten „übersetzen“ und „kondensieren“ komplexe juristische Sachverhalte, auch als Dienstleister für Journalisten. Sie bohren sich durch Schriftsätze, Gutachten, Gerichtsurteile und Protokolle. Denn nicht alles, was einem Juristen vor Stolz die Brust anschwellen lässt, finden auch Medien spannend. Aber manch belanglos erscheinender Nebensatz im Sachverhalt einer Klage kann eine enorme mediale Brisanz entwickeln.

Litigation-PR setzt dabei häufig Fall-Synopsen ein, die eine Chronologie des Sachverhalts und eine Zusammenfassung der wesentlichen rechtlichen Anspruchsgrundlagen enthalten. So werden aus oftmals hunderten Seiten vielleicht drei, vier Seiten einer Synopse, die dazu dienen soll, Journalisten möglichst rasch mit dem Fall in einer Übersicht vertraut zu machen – besonders gern gesehen, wenn Journalisten unter dem Zeitdruck des Redaktionsschlusses auf den Gerichtsbänken Platz nehmen. In Rechtsstreitigkeiten mit voraussichtlich großer medialer Aufmerksamkeit arbeiten Litigation-PR-Profis zudem mit speziellen Litigation-Websites, die viele der genannten Materialien und darüber hinaus auch Downloadmöglichkeiten von fallrelevanten Dokumenten enthalten, um möglichst schnell möglichst viele Journalisten zu informieren – stets aus der Sichtweise ihres Mandanten.

„Dilettantismus der Kommunikatoren“

Sind also voluminöse Wirtschaftsverfahren, die oftmals über viele Jahre andauern und mehrere tausend Seiten Schriftsätze produzieren, gar ein Mekka PR-getriebener Manipulation? Womöglich. Die Versuchung ist ohne Zweifel groß. Und kurzfristig denkende PR-Verantwortliche mögen ihr erliegen. Kann der Medienmarkt das regeln? Wahrscheinlich. So wie kluge Journalisten, die sich nicht im Markt verbrennen wollen, ihre Quellen niemals preisgeben dürfen und sich an bestimmte Kodizes wie „off the record“ halten sollten, dürfen Litigation-PR-Experten nicht der Verlockung erliegen, aus der enormen Komplexität solcher juristischen Verfahren kurzfristig durch gezielte Falschinformationen Kapital zu schlagen. Deren Namen wäre dann ebenfalls verbrannt, und zwar branchenweit, denn auch die Rechtsjournalisten der führenden deutschen Medien pflegen durchaus einen kollegialen Austausch. Man sieht sich spätestens bei Gericht.

Litigation-PR-Spezialisten sollten sich daher stets an einen der eisernen Grundsätze nachhaltiger PR erinnern: Sie müssen Journalisten nicht alles sagen, was wahr ist,aber was sie ihnen sagen, muss wahr sein. Oftmals ist eine lausige PR auf diesem sehr komplexen Gebiet aber nicht einer absichtlichen Irreführung der Medien, sondern eigener Unwissenheit oder dem Dilettantismus der Kommunikatoren selbst geschuldet.

Wohin wird die Reise der Disziplin Litigation-PR hierzulande gehen? Das ohnehin bestehende Ungleichgewicht zwischen Journalismus und PR wird bei rechtsstreitbegleitender PR noch zunehmen. Dies ist der zunehmenden Komplexität und den immensen Volumina insbesondere der wirtschaftsrechtlichen Prozesse, neuen Prozessformen (zum Beispiel das „Kapitalanleger-Musterverfahrensgesetz" oder die EU-Sammelklage) und der weiterhin zunehmenden Zahl von multijurisdiktionalen Prozessen geschuldet. Diese verschärften Rahmenbedingungen treffen auf teilweise ausgedünnte Redaktionen mit einer vergleichsweise bescheidenen durchschnittlichen Rechtskompetenz ihrer Redakteure.

PR-Berater mit Journalistenausweis

Auch viele rechtliche Aspekte der Litigation-PR sind nicht geklärt: Denn sie findet nicht im rechtsfreien Raum statt. Sie kann den Anspruch auf rechtliches Gehör, die „Waffengleichheit" vor Gericht, die das Grundgesetz vorschreibt, tangieren. So, wie sie in dem eingangs beschriebenen Negativbeispiel, Hans-Hermann Tiedje und die FTD, eingesetzt wurde, ist sie möglicherweise sogar eine Gefahr für unser Rechtsstaatsprinzip.

Aber auch ganz praktische Fragen stellen sich: Sollten die Litigation-PR-Experten im Verteidigungsteam nicht ein Zeugnisverweigerungsrecht besitzen? Droht ihnen ansonsten Gefahr, dass sie die Staatsanwaltschaft vernimmt, um gezielt an ansonsten geschützte Informationen der Verteidigung zu gelangen? Einige Litigation-Berater behelfen sich als Notlösung mit einem Journalistenausweis, um sich auf ein respektives Zeugnisverweigerungsrecht berufen zu können.

Unverändert fehlt eine Selbstverpflichtung der Litigation-PR-Branche hinsichtlich unerlässlicher Spielregeln. So kritisierte Richter Nikolaus Berger im Spiegel seinerzeit den PR-Berater Alexander Falks, „lange Zeit unsichtbar geblieben zu sein." Denn zu den elementarsten Regeln gehört, dass sich Litigation-PR-Berater – analog zu den Anwälten, die sich als Prozessbevollmächtigte dem Gericht offenbaren – gegenüber den Medienvertretern als Vertreter einer bestimmten Partei outen.

Türöffner Zeitarbeit? Wie die Initiative Neue Soziale Marktwirtschaft ein Thema in Medien und Öffentlichkeit platziert

Günter Bartsch

Das Kieler Gericht war empört – der Handel mit der menschlichen Arbeitskraft, das sei doch eine Unsitte. Vor Gericht stand der Inhaber einer Schlosserei, der mehr Arbeiter beschäftigte, als er in seinem eigenen Betrieb benötigte, und sie an schleswig-holsteinische Werften vermietete. Die Werften nahmen das Angebot gern an, um Eilaufträge termingerecht ausführen zu können. Es sei der Würde des Menschen nicht angemessen, wenn Arbeitskraft frei verkauft oder vermietet werde, so das Gericht. Dies könne leicht der Anfang zu einem Arbeitskräfte-Handel sein – und es gelte, den Anfängen zu wehren. Wegen „unerlaubter Arbeitsvermittlung" verurteilte das Kieler Schöffengericht den Arbeitgeber.

Das war vor rund 47 Jahren – nachzulesen in der Zeit 11/1964[1]. Heute sind solche Verträge zwischen Verleihern, Entleihern und Leiharbeitnehmern gang und gäbe, die Leiharbeit ist für viele Politiker und Unternehmer ein wichtiges Mittel der Arbeitsmarktpolitik, sie bejubeln sie als „Jobmotor". Die Leiharbeit ist heute nur noch ein Fall für „Korrekturen" – ihre Existenz an sich wird in Politik und Medien kaum noch infrage gestellt. Wirksame Regulierungen wie das „Equal Pay"-Prinzip, das eine Gleichbehandlung von Stammbelegschaft und Leiharbeitern vorsieht, können nach wie vor durch spezielle Zeitarbeits-Tarifverträge ausgehebelt werden. Das Ergebnis: Lohndumping.

In der aktuellen Anzeigenkampagne „Projekt Vollbeschäftigung" der Initiative Neue Soziale Marktwirtschaft (INSM) hört sich das ganz anders an: „Vollbeschäftigung braucht jeden. Deshalb dürfen wir gering Qualifizierte nicht mit Mindestlöhnen vom Arbeitsmarkt ausschließen. Wir müssen ihnen zum Beispiel mit Zeitarbeit das Tor zum Arbeitsmarkt öffnen und sie für anspruchsvollere Aufgaben qualifizieren. Das ist Soziale Marktwirtschaft: Beweglichkeit schafft Jobchancen für alle."

Das Thema Leiharbeit beackert die vor elf Jahren vom Arbeitgeberverband Gesamtmetall gegründete INSM schon seit ihren Anfängen. Nicht immer mit lauteren Mitteln: 2002 zahlte sie bei-

[1] http://www.zeit.de/1964/11/Sitte-oder-Unsitte

spielsweise 58.670 Euro für versteckte Botschaften in der ARD-Serie „Marienhof“. In Folge 1938 etwa schwärmt „Jenny“ von ihrer neuen Stelle bei einer Zeitarbeitsfirma: *„Eine richtig feste Anstellung, Schwerpunkt Verkauf und Akquise. Und das Beste ist: völlig flexible Arbeitszeiten und wenn ich mal nicht kann, wegen der Kinder oder so, dann schicken die einfach einen Kollegen. Und die Kernarbeitszeit kann ich auch selbst bestimmen. Ich bin sozialversichert, kriege Urlaubsgeld und ein 13. Monatsgehalt. Und durch die unterschiedlichen Einsätze ist Abwechslung garantiert!“*[2]

Als die Schleichwerbung 2005 durch Recherchen von Volker Lilienthal öffentlich wurde, ruderte die INSM halbherzig zurück: „Aus heutiger Sicht“ sei die Kooperation ein Fehler gewesen, schrieb die Initiative damals. Den Vorwurf der Manipulation wies sie allerdings zurück und schob den Schwarzen Peter der Produktionsfirma zu, die sie falsch informiert hätte.

Dass es per se verwerflich ist, politische Botschaften ohne Nennung des Urhebers in TV-Serien zu platzieren, erkannte die Organisation offenbar nicht. Der Deutsche Rat für Public Relations ließ die Ausreden der INSM nicht gelten und sprach eine öffentliche Rüge gegen sie aus; die Initiative sei „für die Folgen ihres Handelns voll verantwortlich“[3].

Trotz dieser und anderer Täuschungsversuche dienen die INSM-Informationen auch heute noch vielen Journalisten als Quelle für ihre Berichterstattung. Die „Rankings“ und „Studien“ der INSM lassen sich schnell in Schlagzeilen verwandeln; fürs „Städteranking“ etwa formuliert die INSM Pressemitteilungen für jedes Bundesland[4]. Das zahlt sich aus: Gerade Regionalzeitungen berichten ausführlich über die Ranglisten[5].

Auch Fotos von Aktionen wie der Bau eines „Vollbeschäftigungsturms” vor dem Arbeitsministerium schaffen es in Zeitungen und Fernsehnachrichten, sogar in die Tagesschau. Die INSM freut sich genüsslich über ihre Erfolge, etwa über das Medienecho auf eine jüngst vor dem Finanzministerium platzierte „Schuldenbremse“: *„Während der Stabilitätsrat am 23. Mai 2011 im Finanzministerium zusammen kam, baute die INSM vor dem Ministerium eine überdimensionierte Schuldenbremse auf. Ziel war, die Berichterstattung über die Schuldenbremse medial zu unterstützen. Die Rechnung ist*

[2] Nachzulesen in einer Studie der Initiative Lobbycontrol: http://www.lobbycontrol.de/blog/download/insm-marienhof-bewertung.pdf
[3] Siehe http://www.drpr-online.de/kurzmeldungen/itemshowone.php4?id=63&return=itemshowall.php4
[4] Siehe http://www.insm-wiwo-staedteranking.de/
[5] Zum Beispiel die Augsburger Allgemeine am 16. April 2009, siehe http://www.augsburger-allgemeine.de/bayern/Ist-Muenchen-wirklich-schoener-als-Augsburg-id5402486.html

aufgegangen", schreibt die INSM. In der Tat: Bilder der Aktion landeten bei Spiegel Online, Focus Money Online, im Weser-Kurier und in den Nachrichtensendungen von MDR und RBB, wie der Artikel über das Medienecho belegt.

Hinter den Aktionen stecken ein achtköpfiges Team und die von der INSM beauftragten PR-Agenturen; in den ersten Jahren war das Scholz & Friends Agenda, zur Zeit ist die Berliner Agentur Serviceplan Public Opinion am Zuge. Auch der Geschäftsführer der INSM kennt sich mit Medienarbeit und Lobbyismus aus: Hubertus Pellengahr war zuvor Geschäftsführer des Hauptverbandes des Deutschen Einzelhandels.

Auf die Millionen-Gelder von Gesamtmetall, die die Arbeit der INSM finanzieren, wird in der Berichterstattung äußert selten hingewiesen, die meisten Medien begnügen sich mit der Charakterisierung „arbeitgebernah". So gut wie nie wird die Methodik der Studien hinterfragt. Positives Gegenbeispiel ist ein Tagesspiegel-Bericht von Ralf Schönball über das Städteranking 2008. Er zeigt, wie die von der INSM präsentierten Zahlen unterschiedlich interpretiert werden können: *„Zu Berlins ‚Stärken' zähle auch die Entwicklung der Arbeitskosten: Ein mageres Plus von 0,9 Prozent in der letzten vier Jahren. Viele qualifizierte Arbeitnehmer zählen allerdings genau das zu Berlins Schwäche – und verlassen die Stadt.*"

Neben der Publikation von interessengeleiteten Studien sind Medienkooperationen ein wichtiges Instrument der Initiative Neue Soziale Marktwirtschaft. Spitzenreiter ist die Wirtschaftswoche, die quasi Dauerpartner der INSM ist. Besonders deutlich wurde das 2009, als das Magazin gemeinsam mit der INSM ein komplettes Sonderheft herausgab – auf der Umschlagsseite die Frage: „Armes Deutschland?". Blätterte man weiter, folgte die Antwort: „Reiches Deutschland!" Ein Großteil der Texte stammte von INSM-Autoren – Näheres erfuhr der Leser nur, wenn er das kleingedruckte Impressum studierte.

Auch Jugendmedien arbeiten mit der INSM zusammen: Auf der Webseite „Was soll werden" prangt ein großes Logo des Musiksenders MTV. Das Jugendmedienzentrum Deutschland veranstaltete 2009 gemeinsam mit der INSM sogar einen Schülerzeitungswettwerb: „Enterprize – Unternehmen entdecken".

Stark nutzt die INSM das Internet, wo sie Menschen „abholt", die auf der Suche nach Informationen zu Wirtschaftsthemen sind. Gern werden dabei Volkshochschul-Flair und Promi-Faktor kombiniert: „Barbara Eligmann erklärt Wirtschaft" sind etwa die Videos des „INSM-Lexikons" überschrieben. „Anschaulich und allgemein verständlich" erkläre die bekannte Fernsehmoderatorin hier „zentrale Begriffe der Sozialen Marktwirtschaft".

Auch hier stößt man auf das Thema Zeitarbeit – mit altbekanntem Tenor: Ein Viertel der Leiharbeiter werde vom letzten Kundenunternehmen übernommen. Die Zeitarbeit sei mithin „ein Sprungbrett in den Job“[6].

Dass es damit nicht weit her ist, zeigte jüngst eine Studie des Instituts für Arbeitsmarkt- und Berufsforschung (IAB, die Forschungseinrichtung der Bundesagentur für Arbeit), wonach nur sieben Prozent der zuvor arbeitslosen Zeitarbeiter nach dem Auslaufen ihrer Verträge regulär beschäftigt bleiben: Für ehemals Arbeitslose führe mittels Leiharbeit *„keine breite Brücke, sondern wohl eher ein schmaler Steg aus der Arbeitslosigkeit in Beschäftigung außerhalb der Branche“*, so die Autoren der Studie.

Ihren Spin zum Thema Zeitarbeit will die deutsche Wirtschaft nicht nur in der journalistischen Berichterstattung, sondern auch im Schulunterricht platzieren: *„Die Zeitarbeit ist eine besonders interessante Branche, denn sie schafft sogar in Krisenzeiten eine beträchtliche Anzahl neuer Arbeitsplätze. Das Erfolgsgeheimnis: Sie verhilft den Kundenunternehmen zu mehr Flexibilität beim Einsatz ihres Personals.“* Dieser Satz stammt nicht etwa aus der Werbe-Broschüre eines Zeitarbeits-Verbandes. Vielmehr wird so das „Lernziel“ im Heft Nr. 108 der Reihe „Thema Wirtschaft“ des Instituts der deutschen Wirtschaft (IW) beschrieben – Titel: „Warum die Zeitarbeit boomt“.

Die Reihe richtet sich an Lehrer – „Informationen für Pädagogen in Schule und Betrieb“ steht im Untertitel. Zeitarbeitnehmer, liest man in dem Heft, seien sozial genauso abgesichert wie Arbeitnehmer in anderen Branchen. Kein Wort darüber, dass es in Krisenzeiten die Leiharbeiter sind, die ihren Job als Erste verlieren. Nichts über die vielen Unternehmen, die Tochterfirmen gründen, um schlechter bezahlte Leiharbeiter an sich selbst ausleihen zu können.

Zu finden ist das Heft über die INSM-Webseite „Wirtschaft und Schule“. Beide Akteure – INSM und IW – stehen sich nah: „Man kann beinahe sagen, die INSM sei die Marketingabteilung des Instituts der deutschen Wirtschaft.

Diese und andere Wissenschaftler werden gebraucht, wenn es darum geht, Reputation herzustellen. Sie sind Teil der medialen Öffentlichkeitsstrategie“, schreibt Rudolf Speth in einer Studie über das Wirken der INSM für die gewerkschaftsnahe Hans-Böckler-Stiftung[7]. *„In unserer Datenbank finden Sie Unterrichtsmaterial, das von Lehrern für Lehrer entwickelt worden*

[6] Siehe http://www.insm-lexikon.de/wilex.html
[7] Speth, Rudolf (2004): Die politischen Strategien der Initiative Neue Soziale Marktwirtschaft. Arbeitspapier Nr. 96 der Hans-Böckler-Stiftung, Düsseldorf, S. 25

ist", heißt es auf der INSM-Webseite „Wirtschaft und Schule". Sieht man sich die IW-Inhalte an, kann davon keine Rede sein: Der Autor des Zeitarbeits-Heftes ist kein Lehrer, sondern IW-Mitarbeiter.

Die Gleichbehandlung von Zeitarbeitern und Stammbelegschaft wird in dem Heft als vollkommen unmögliche Idee dargestellt. Sogar Gesamtmetall-Präsident Martin Kannegiesser kommt zu Wort: *„Sollten Zeitarbeiter das gleiche Geld wie ein Stammarbeiter bekommen, dann wird dies für die Zeitarbeitsfirma teurer als der Stammarbeiter. Das kann nicht gewollt sein."* Kann es nicht?

Lehrer wie Journalisten stehen vor der gleichen Aufgabe: Sie müssen die Zulieferungen der Initiative Neue Soziale Marktwirtschaft kritisch hinterfragen, sie müssen die Interessen und Kommunikationsstrategien ihrer Quellen kennen, die Informationen einordnen. Zuschauer, Zuhörer, Leser und Schüler können sich so ihr eigenes Bild machen.

Goliath im David-Gewand
Außen: Bürgerinitiative, Innen: Industrie. Wie es gelang, einen Tarnverein der Atomlobby aufzudecken

Christian Fuchs

Am Anfang war ein Buch. Ein kleines vergilbtes, ausgefleddertes Taschenbüchlein, 13 Jahre alt: „Deckmantel Ökologie“. Ich hatte es mir gebraucht bestellt, nachdem ich davon in einer Fußnote in einem Sammelband gelesen hatte. Der Untertitel hatte mich neugierig gemacht, „Tarnorganisationen der Industrie missbrauchen das Umweltbewusstsein der Bürger“.

In den vergangenen Jahren schrieb ich immer wieder über Themen, in denen Zuschauer und Kunden bewusst getäuscht wurden. Product Placement im öffentlich-rechtlichen Fernsehen etwa oder Celebrity Placement – eine Marketingstrategie bei der Stars im Privatleben gegen Geld mit Jeans, Telefonen oder Autos ausgestattet werden. Die Unternehmen hoffen so von der Glaubwürdigkeit der privaten Prominenten zu profitieren, wenn diese die Produkte öffentlich benutzen und dabei fotografiert werden. Der Sender der Informationen wird verschleiert.

Dass Unternehmen Bürgerinitiativen unterwandern oder gründen, um von deren Glaubwürdigkeit zu profitieren, das las ich nun zum ersten Mal. Allein die Beispiele der Buch-Autoren waren schon einige Jahre alt und taugten nicht mehr für einen Text über das Phänomen „Astroturfing“ – Kunstrasen.

Der Begriff stammt aus dem Englischen und macht deutlich, was die Industrie versucht: Sie tut so, als sei sie eine Graswurzel-Initiative, die aus dem Bürgersinn entwachsen ist und Gutes tut: Schnellstraßen durch Biotope verhindern, für Patienten-Rechte kämpfen oder gegen Müllverbrennungsanlagen vor der Haustür kämpfen.

Graswurzel-Initiativen sind sehr glaubwürdig, weil sie vom David-gegen-Goliath-Effekt profitieren. Laut der Studie „Umweltbewusstsein in Deutschland“ des Bundesumweltministeriums genießen Bürgerinitiativen in Umweltfragen das zweitbeste Vertrauen der Bürger – gleich hinter Umweltschutzverbänden wie Greenpeace oder BUND und weit vor Staat, Kirchen und Gewerkschaften. Die Industrie belegte den letzten Platz in diesem Vertrauens-Ranking. Was liegt also näher, als das sich der Goliath in ein David-Kostüm kleidet?

Bis zum Jahr 2008 hatte noch keine deutsche Redaktion über diese neue Spielart des Lobbyismus berichtet. Darum wollte ich erstmals anhand eines plastischen Beispiels erklären, wie falsche Graswurzel-Bewegungen funktionieren. Dafür musste ich exemplarisch eine dieser Tarnorganisation finden und enttarnen.

In der Vorrecherche hatte ich einige mögliche Tarnvereine mit Hilfe von Archiven, der Experten von Lobbycontrol aus Köln und Claudia Peter, der Autorin des Buches über Tarnorganisationen, identifiziert. Bei sechs Vereinen gab es einen Anfangsverdacht. Der Verein „Bürger für Technik e. V." aus Marl erschien mir am aussichtsreichsten für die Illustration der Lancierung eines Tarnvereins in der deutschen Gesellschaft, da er öffentlich sehr aktiv war und durch die Fokussierung auf Schüler, Studenten und Journalisten einen beträchtlichen Einfluss erlangt hatte.

Was dann begann, war die Mosaikarbeit des Rechercheurs. Bis zur Veröffentlichung der Ergebnisse in der ZEIT[1] sollten 17 Monate vergehen. Zu allererst versuchte ich das Umfeld des Vereins zu klären, las alles was bisher über die „Bürger für Technik" (BfT) publiziert wurde – und vor allem alles was sie seit der Gründung 2001 selbst publiziert hatten.

BfT kommt als Bildungsverein daher, der von Ingenieuren, Chemikern und Physikern gegründet wurde. Er will *„dazu beitragen, dass sich mehr junge Menschen für Naturwissenschaften und Technik interessieren, damit Deutschland in der Pisa-Studie wieder einen besseren Platz erreicht"*. Liest man die gesammelten Studien, Analysen und Berichte auf der Hauptseite buerger-fuer-technik.de, die Nachrichtenzusammenstellung in dem regelmäßig versandeten Infobrief „KurzInfo" und die Texte auf den mindestens 15 weiteren zielgruppen-gerechten Internetseiten aus dem BfT-Umfeld, dann muss man zu dem Ergebnis kommen: Kernkraft ist gut, erneuerbare Energien sind überschätzt.

Durch die Erstellung eines Personen-Organigramms der Autoren und Betreiber der Webseiten wurde schnell klar, wie die eindeutige Meinung der vermeintlichen Bürgerinitiative zustande kommt: Einige der führenden BfT-Mitglieder arbeite(te)n für Firmen der Atomindustrie oder waren in Führungspositionen der Kerntechnischen Gesellschaft (KTG) – der Personenvereinigung des offiziellen Lobbyverbands Deutsches Atomforum.

Um noch mehr Mitglieder mit einem direkten Zusammenhang zur Kernenergie-Branche aufzudecken, beantragte ich Einsicht in den Vereinsregisterauszug und die Vereinsprotokolle (jeder e.V. ist verpflichtet, mindestens ein Protokoll pro Jahr beim Gericht zu hinterlegen). Das Amtsgericht Marl, wo

[1] Christian Fuchs: Atomkraft – ja bitte! Getarnt als unabhängige Bürgerinitiative, verbreitet ein Lobbyverein der Energiewirtschaft Lobeshymnen über die Kernkraft. Zum Nachlesen: http://www.zeit.de/2008/17/Atomlobby

der Verein offiziell sitzt, teilte mir jedoch mit, dass ein solcher Verein gar nicht existiert. Über ein Archiv alter Internetseiten fand ich außerdem drei verschiedene Kontonummern, die der Verein im Laufe der vergangenen sieben Jahre auf seiner Internetseite veröffentlicht hatte. Auf Nachfrage bei den Banken erfuhr ich, dass keine dieser Konten auf die Namen der Vereinsvorsitzenden und/oder auf „Bürger für Technik“ angemeldet waren.

Durch eine Tiefenrecherche im Internet fand ich nach tagelanger Fleißarbeit Protokolle von BfT-Treffen und von ihren Besuchen bei Kernkraftwerksbetreibern. Diese internen Dokumente waren sehr aufschlussreich für das Verständnis der genauen Arbeit der Technikbürger. Neben der Erwähnung ihrer eigenen Webseiten mit Referatshilfen für Schüler und Aufrufen an die Mitglieder, Leserbriefe an Medien mit atomkritischer Berichterstattung zu senden, wurde darin auch zum Manipulieren von Wikipedia-Artikeln zum Thema Kernkraft aufgerufen.

Die Versionsgeschichten vieler Wiki-Einträge zu diesem Themenkomplex habe ich daraufhin sehr genau studiert und bin über den Wikiscanner immer wieder auf einige wenige Pro-Atomkraft-Autoren gestoßen. Die Herkunftsregionen – die die IP-Adressen offenbarten – stimmten fast alle mit den Postadress-Regionen der von mir bereits identifizierten BfT-Mitglieder überein. Ich fand aber auch Anti-Atomkraft-Autoren, die ebenso eifrig Artikel in ihrem Sinne bearbeiteten. Einer berichtete mir am Telefon über einen möglichen Autoren aus dem BfT-Umfeld: *„Das war jemand, der das konsequent macht und immer Zeit hat, da könnte man Professionalität vermuten.“*

Im SPIEGEL-Archiv und in der Gruner+Jahr-Pressedatenbank stieß ich auch schnell auf veröffentlichte Leserbriefe in WELT, FAZ oder SÜDDEUTSCHER ZEITUNG, die von „Bürger für Technik“-Mitgliedern geschrieben wurden.

Nun wusste ich, wie der Verein „Bürger für Technik“ arbeitete. Daraus ergab sich ganz klar, dass der Umweltverein nur die Aktionsformen (Vorträge, Internetseite, Störaktionen bei den Gegnern, Infostände, Leserbriefe etc.) der grünen Graswurzelbewegung übernommen hatte – inhaltlich jedoch vollkommen konträre Überzeugungen vertrat.

Was mir jetzt noch fehlte, waren Beweise für einen Zusammenhang zwischen der vermeintlichen Bürgerinitiative und dem offiziellen Arm der Atomlobby. Um den Tarnverein zu überführen, brauchte ich personelle Überschneidungen oder – noch besser – den Nachweis eines Geldflusses zwischen Deutschem Atomforum/Kerntechnischer Gesellschaft und „Bürger für Technik“.

Ich blieb weiter im Netz und fand auf den Seiten der offiziellen Lobbyvereinigung Kerntechnische Gesellschaft, sämtliche „Tätigkeitsberichte“ der letzten Jahre. Hier schrieben die Sprecher der Fachgruppe „Nutzen der Kerntechnik“ in der KTG ganz offen über den Erfolg ihrer Leserbriefaktionen und Tarn-Webseiten: *„Die Rückmeldungen [...] zeigen deutlich, dass die Zielgruppe der Schüler und jungen Studenten erreicht wird und die Atomkraftgegner durch diesen provokanten Auftritt in argumentative Schwierigkeiten geraten.“* Außerdem findet sich hier auch der Hinweis, dass „Bürger für Technik“ in Schulen und Hochschulen Vorträge halten und als Störer auf Umweltkongressen auftreten.

Daraufhin telefonierte ich alle Aktiengesellschaften aus dem Bereich alternativer Energien und die großen Umweltverbände ab, ob diese auf ihren Aktionärsversammlungen und Veranstaltungen schon Erfahrungen mit den „Bürger für Technik“-Leuten gemacht hatten. Ein Vorstand von Greenpeace Energy konnte sich noch an eine Störaktion aus dem Jahr 2006 erinnern und gab zusätzlich den Hinweis, dass ein weiterer Greenpeace-Mitarbeiter bei einer Gesprächsrunde eines TV-Senders auf ein BfT-Mitglied traf. Eigentlich sollte er mit einem Sprecher des Deutschen Atomforums diskutieren. Als dieser kurzfristig absagen musste, empfahl das Atomforum ein Mitglied von „Bürger für Technik“ als Alternativgast – so die Erinnerung des Greenpeace-Manns. Als ich bei dem zuständigen TV-Redakteur um ein Gespräch bat und versuchte, die Bänder der Sendung zu erhalten, stieß ich auf Ablehnung. Nachdem ich den Kollegen in meine Recherchen eingeweiht hatte, beschimpfte er mich am Telefon: *„Sie wollen mich nur gegen jemanden ausspielen!“, „So recherchiert man doch nicht, das ist unseriös“* – ein Umstand, der mich wieder aufhorchen ließ. Mittlerweile hatte ich die Lust an der Recherche ein wenig verloren, da ich auf allen offen zugänglichen Wegen nicht mehr weiterkam.

Neben der Beschreibung der Strategien, brauchte ich aber noch den Nachweis, dass es einen organisatorischen oder finanziellen Zusammenhang zwischen dem offiziellen Atom-Verband und dem Tarnverein gab. Dafür musste ich undercover arbeiten. Zwei Identitäten wurden auf unterschiedliche Wege in die BfT-Strukturen eingeschleust. Unter anderem nutzte ich die Identität einer Mitarbeiterin eines deutschen Großunternehmens. Unter ihrem Namen und mit einer neu-eingerichteten E-Mail-Adresse gab ich mich als Interessentin für eine Vereinsmitgliedschaft aus. Wochenlang baute ich via Email und mit der Hilfe einer Schauspielerin am Telefon auch stimmlich eine Vertrauensebene zum Vorsitzenden der „Bürger für Technik“ auf. Dieser Weg brachte den Durchbruch.

Eines Tages kam ich so in den Besitz eines sehr entlarvenden internen Papiers, in dem der Vorsitzende von „Bürger für Technik“ schreibt: *„Wir haben uns ursprünglich in der KTG-*

Fachgruppe ‚Nutzen der Kerntechnik' zusammengefunden […]. Um unseren Wirkungskreis auch neutral zu erweitern, haben wir die lose Vereinigung ‚Bürger für Technik' gegründet […]. Die Zielsetzungen beider Gruppen sind identisch." Der Euphemismus „den Wirkungskreis neutral zu erweitern", bedeutet: Den Adressaten verschleiern, wer der Sender der atomfreundlichen Meinungsmache ist.

Ein weiterer Hinweis offenbarte die Nähe von KTG und BfT in Finanzfragen. Die „Bürger für Technik" empfahlen einem potentiellen Spender, die Spendensumme auf ein Konto der KTG zu überweisen. Zufall? Wohl kaum.

Nach der Veröffentlichung des Artikels „Atomkraft – ja bitte!" prasselten so viele Leserbriefe wie selten bei der ZEIT ein. Die meisten Schreiber benutzten auffallend ähnliche Argumentationsketten und sogar gleiche Ausdrücke, um mich zu diskreditieren („Sudel-Ede"). Damit bewiesen die BfT-Mitglieder ungewollt, dass ich Recht hatte mit dem Beschreiben von Leserbrief-Bombardements an kritische Medien.

In einem internen BfT-Papier heißt es dazu: *„Ein Leserbrief wird in den Redaktionen wie die Meinung von 1.000 Menschen angesehen"*. In diesem einen Fall machte die Redaktion in der Bewertung der Leserpost jedoch eine Ausnahme von der Regel.

In den vergangenen Jahren konnte Christian Fuchs durch seine Recherchen über zwei weitere Tarnvereine berichten. Über das „Bündnis meine Wahl!", das als Patientenorganisation auftritt, aber vom Bundesverband der Medizingerätehersteller gegründet wurde, um gegen ein Gesetz zu kämpfen, das der deutschen Medizinindustrie Umsatzeinbußen beschert (Christian Fuchs: Fast echt betroffen. Medizinkonzerne benutzen für getarnte Lobbyaktionen leidende Patienten, um ihre Produkte geschickt zu vermarkten. In: DIE ZEIT, 12.05.2010[2]). Und über den Verein „Jugend für Menschenrechte", der sich als aktruistische Jugendinitiative pro Menschenrechte inszeniert – jedoch eine Vorfeldorganisation von Scientology ist (Christian Fuchs: Scientologen narren Uno und Politiker. In: SPIEGEL ONLINE, 17.01.2009[3]).

[2] http://www.zeit.de/2010/19/Patienten-Lobbyismus
[3] http://www.spiegel.de/panorama/0,1518,601830,00.html

Journalismus wird immer mehr zur Kommentierung von Marketing

Prof. Dr. Thomas Leif

Edward Bernays hat 1928 einen „Klassiker“ vorgelegt, der heute noch ertragreicher ist als zahllose „Standardwerke“ aus der Feder der PR-Meister der Gegenwart. Sein großer Kunstgriff besteht in der Gleichsetzung von ‘Propaganda’ und ‘PR’. In einer fast schonungslos-naiven Art entziffert er Schritt um Schritt die PR als Führungsinstrument demokratischer Öffentlichkeit. Mit seinen nüchternen Analysen, klugen Fallbeispielen und seinem elitären Habitus richtet er den Lichtkegel in eine Schattenwelt, die eigentlich von der Intransparenz lebt. Viele seiner Analyse-Bausteine lassen sich auf den Journalismus unserer Zeit beziehen, der mit seinen bestellten Wahrheiten zu einem verkrüppelten Journalismus beiträgt.

Die PR-Blaupause der Atomkonzerne

Es gibt Schlüsseldokumente, die belastbar und gerichtsfest sind. Dokumente, die das wahre Gesicht einer Branche zeigen, die sich gerne diskret und seriös gibt, mit der Aura nüchterner Argumente und überprüfbarer Fakten schmückt. Es geht um die Atomenergie-Lobby, die mit der 109-seitigen Studie „Kommunikationskonzept Kernenergie – Strategie, Argumente und Maßnahmen“ der Öffentlichkeit eine einmalige Blaupause ihrer bislang verborgenen Praxis und ihrer wahren Identität geliefert hat.

Wer den bislang geheim gehaltenen DNA-Code der Energie-Lobby entziffern und die Manipulationstechniken dieser Branche verstehen will, ist nicht mehr auf Sekundärinformationen angewiesen. Diesen Kollateralnutzen hat die Berliner „Unternehmensberatung für Politik- & Krisenmanagement“ (PRGS) mit ihrer „Studie“ der Öffentlichkeit beschert. *„Gespräche wurden durchgeführt u. a. mit Journalisten der Frankfurter Allgemeinen Zeitung, des Handelsblattes, der Wirtschaftswoche und der Welt“*, schreiben die Autoren der ungewöhnlich detaillierten Geheim-Studie. *„Selbstverständlich wurden diese Gespräche ohne Nennung (des Auftraggebers) oder des Auftrags geführt.“* Offenbar auch mit Hilfe dieser Quellen wurden 16 Redakteure der zentralen Leitmedien politisch genau taxiert und auf der ‘links-rechts-Achse’ eingeordnet. *„Lediglich die Welt nimmt mit Daniel Wetzel als schwarz-grünem Redakteur eine vermittelnde Position zwischen den Lagern wahr,“* heißt es anerkennend. Warum der Aufwand? Diese einfache Frage wird von den Lobby-Experten später in entwaffnender Offenheit beschrieben: *„Grundlage des Lobbyings ist fundiertes Material. Politiker bevorzugen wie Jour-*

nalisten quellenbasiertes Informationsmaterial, das die Neutralität der Information suggeriert." Die Betonung liegt auf Suggestion, auf dem Schein der Seriösität, der Anmutung von Wahrheit. In der Studie wird das gesamte Spektrum der modernen PR und der auf Manipulation gegründeten Kooperation mit den Medien durchbuchstabiert: gekaufte und frisierte Studien mit wissenschaftlichem Antlitz, manipulierte Umfragen, Argumentations-Leitfäden, die Gegenargumente ausblenden und Werbebotschaften priorisieren, Negative Campaigning-Strategien gegen Atomkraft-Kritiker und Jubelbeiträge für die Förderer der Atomenergie. Das Leistungsversprechen der Autoren für die Auftraggeber (offenbar die E.on AG) im November 2008 – rechtzeitig vor der Bundestagswahl 2009 – ist kristallklar: *„Die Ergebnisse von IfD (Anm. Institut für Demoskopie Allensbach), Emnid u. a. legen daher immer den Schluss nahe, dass allein ein Regierungswechsel ausreichen würde, um die Stimmung in Deutschland pro Kernenergie zu drehen.*"

Es handelt sich folglich um ein einmaliges Dokument, das – wie Branchenkenner bestätigen – allerdings auch in ähnlicher Form als „Maske" exemplarisch für andere PR-Akteure gilt. Würde Bernays heute reformuliert, müsste die PRGS-Blaupause seine Sammlung von Fallbeispielen ergänzen. Strategische Leitmotive von den auf PR spezialisierten Agenturen wie PRGS sind bezogen auf die Medien folgende Punkte:

- Themen und Positionen – wie im skizzierten Fall die langfristige Laufzeitgarantie für Atomkraftwerke – werden in Form der sogenannten „orchestrierten Kommunikation" in der Öffentlichkeit verankert.

- Semantisch positiv aufgeladene Begriffe und Fahnenwörter wie etwa „Kernenergie als Brückentechnologie", eingebettet in das Konzept der „Nachhaltigkeit", sollen über die Medien etabliert und verankert werden. Die CDU nutzt beispielsweise den von der AKW-Lobby erfundenen Begriff der „Brückentechnologie" in ihrer Programmatik.

- Ausgewählte Journalisten und Medien werden mit „bestellten Wahrheiten" versorgt; sie erhalten frisierte (wissenschaftliche) Studien, passende Meinungsumfragen, getürkte Statistiken, von PR-Agenturen geschriebene Texte, Interviews und Meinungsbeiträge etc. Das Spektrum dieser Dienstleistungen und Informations-Rohstoffe ist schier unbegrenzt. Dazu gehört auch die Vermittlung von sogenannten „Experten", die als „Mietmäuler" einsetzbar sind.

- Medien-Kritiker werden mit allen denkbaren Methoden des Negative Campaignings überzogen, diffamiert und disqualifiziert. Ihre Reputation soll beschädigt werden.

- Blogs, Web-Seiten und andere „social media"-Plattformen werden von PR-Dienstleistern – wie im Fall der Bahnprivatisierung dokumentiert – gezielt instrumentalisiert und manipuliert.

- Verbände und Organisationen, die sich im Feld des jeweiligen PR-Themas bewegen, werden mit großem Aufwand auf ihre Korruptionsanfälligkeit hin getestet und entsprechend instrumentalisiert.

- Diese Aktivitäten werden von den Auftraggebern in einem „eisernen Dreieck" gesteuert. Dazu gehören sogenannte „Public Affairs Agenturen" und PR-Agenturen, die ihre Arbeit nach journalistischen Kriterien ausrichten und selten Spuren hinterlassen. Affirmative Medien und kühle Lobbyisten bilden und stabilisieren dieses Dreieck. Der Wechsel sehr erfahrener journalistischer Profis in die PR unterstreicht diesen organischen Prozess der Professionalisierung der Branche. Enge Kooperationsbeziehungen bestehen zu Lobby-Organisationen und geneigten Politikern.

- Der Handel mit sogenannten „Exklusiv-Informationen" floriert. Agenturfähige Informationen werden gegen Wohlverhalten getauscht. Gute Informanten leben – sozusagen als Gegenleistung – in einer medialen Schonzone. Es gilt der Grundsatz: „In die Hand, die mich füttert, beiße ich nicht."

Blaupause für die Manipulation der Medien

All diese Techniken werden in der PRGS-Studie exemplarisch durchgespielt, analysiert und auf ihre potentielle Wirkung hin ausgewertet. Edward Bernay konnte 1928 dieses Arsenal der PR-Industrie noch nicht beschreiben. Zwischen den (geschönten) Zeilen seines Propaganda-Buches finden sich aber die argumentativen Muster der skizzierten „Handwerksordnung" der professionellen PR fast 100 Jahre später.

Sein professionelles Handwerk gibt PRGS-Geschäftsführer Thorsten Hofmann künftig in der „Quadriga Hochschule" in Berlin weiter. Das Tochterunternehmen der Deutschen Presseakademie (depak) bietet seit April 2010 eine 18-monatige PR-Ausbildung als berufsbegleitendes Studium in Berlin an (Studiengebühren bis zu 26.000 Euro, vgl. www.quadriga.eu). Hofmanns Qualifikationsnachweis ist offenbar die PRGS-Studie. Der Perfektionist der PR-Manipulationen „verantwortet innerhalb des Fachbereichs Politics & Public Affairs der Quadriga Hochschule den kontinuierlichen Transfer zwischen Wissenschaft und Praxis". Ausgerechnet die Vorsitzende von Transparency International (TI), Edda Müller, agiert bei Quadriga ebenfalls als Abteilungsleiterin und optimiert so die Qualifikation künftiger Lobbyisten und PR-Akteure. Dabei kann der Atom-Berater sich auf einen renommierten Beirat exponierter Vertreter deutscher Leitmedien verlassen. Das heißt: Chefredakteure und Generalsekretäre – sogar aus der ARD – assistieren dem ausgewiesenen PR-Experten Thorsten Hofmann dabei, wie mit den dokumentierten Manipulations-Techniken die Öffentlichkeit künftig hinter die Fichte geführt werden kann. Ob diese Beirats-Tätigkeit von renommierten Chefredakteuren und sogar ARD-Generalsekretären mit den gültigen Staatsverträgen und den Kodizes der Qualitätsmedien in Einklang zu bringen ist, mögen Justitiare und öffentlich-rechtliche Kontrollgremien entscheiden.

In den WDR-Richtlinien für eine unabhängige Wirtschaftsberichterstattung heißt es eindeutig: *„Wir überprüfen alle Themenvorschläge und Beiträge kritisch auf mögliche PR und Schleichwerbung."* Der verbindliche Verhaltenskodex für NDR-Mitarbeiterinnen und Mitarbeiter ist noch klarer: *„Wir nutzen unsere NDR-Tätigkeit nicht für kommerzielle PR, unangemessen hoch dotierte Nebentätigkeiten oder andere private Vorteile."*

Die Methoden des führenden Lehrpersonals der Quadriga-Hochschule sind aktenkundig (www.quadriga.eu). Dass prominente Journalisten aus der ersten Reihe der Leitmedien diese Methoden, die die Pressefreiheit und die Leitwerte eines unabhängigen Journalismus faktisch aushöhlen, auch nur tolerieren, ist sehr bedenklich. Ein erfahrener WDR-Feature-Redakteur der renommierten Sendung „die story" wurde jüngst entlassen, weil er sich mutmaßlich vor den PR-Karren eines Salbenherstellers spannen ließ. Anfang 2011 gewann der Redaktuer vor dem Arbeitsgericht. Eine drakonische Strafe, die für den WDR sicher Maßstab für vergleichbare Fälle auf höherer Ebene sein wird.

Journalisten und PR – ein Cocktail aus Naivität und Gewöhnung

Journalismus unter Kosten- und Zeitdruck ist heute immer öfter die verlängerte Werkbank professioneller PR-Strategen und Marketingabteilungen. Dankbar nehmen die Medien die Themen und Stories auf, die andere „Redakteure" in professionellen PR-Agenturen konzipieren, komponieren und konfektionieren. Viele Journalisten kommen offenbar auch ohne originäre Informanten aus.
„80 Prozent der Journalisten haben gar keinen echten Informanten – sie glauben, der Pressesprecher sei ein Informant." Diese nüchterne Lageeinschätzung von Kuno Haberbusch (NDR) (WAMS, 11.6.2008), mit der Textzeile *„Redaktionsleiter von Zapp kritisiert die Faulheit deutscher Journalisten"* zugespitzt, rührte eigentlich an ein Tabu. Aber die pointierte These provozierte keine Gegenreaktionen; offen-

bar gab es gar keinen Anlass für ein Dementi. Haberbusch weist auf Missstände im Journalismus hin, die auch der Medienforscher Lutz Hachmeister bei der Wächterpreis-Verleihung der „Stiftung Freiheit der Presse“ in Frankfurt in einer wegweisenden Rede analysiert hat. Qualitäts-Journalismus müsse unabhängig von Ökonomie sein, unabhängig von Public Relations und den Standpunkten der eigenen Medienunternehmen. Guter Journalismus für alle Medien beruhe auf den „vier Faktoren Zeit, Geld, Recherche und Stil“ (dpa, 7.5.08). Weiter führte Hachmeister aus: Die *„ungesunden Beschleunigungstendenzen im Online-Journalismus“* seien fühlbar, *„auch die verschärfte Konkurrenz um Pseudo-Nachrichten in der Hauptstadt, wo die wirklich entscheidenden politischen und legislativen Prozesse, die sich auf der Ebene von Ministerialbeamten und Lobbyisten abspielen, zu selten reportiert werden“.*

Zu den Säulen „Zeit, Geld, Recherche, Stil“ müsste eigentlich auch noch das Kriterium „Distanz“ hinzukommen. Denn immer häufiger verarbeiten (und veredeln) Journalisten nur noch die Stoffe, die PR-Ingenieure, Pressesprecher, interessengeleitete Lobby-Informanten und Marketingabteilungen erfinden und dosiert weitergeben. Jürgen Leinemann mahnte schon vor einigen Jahren, dass die größte Korruptionsgefahr im Journalismus von Informanten ausgehe, denen man auf Grund der zuverlässigen Liefer-Beziehung nicht mehr mit der gebotenen Distanz begegne. In unserer „cross-medialen Hochgeschwindigkeits-Welt“ wächst der Einfluss dieser oft anonymen Informanten. Es wächst die Macht von Rohstofflieferanten, die fertige Geschichten, frisierte Statistiken und das dazu passende „wording“ (kostenfrei) in die redaktionellen Kreisläufe der Medien einspeisen. In diesem System arbeiten immer mehr Journalisten als Secondhand-Produzenten von Medienprodukten aller Art. Immer mehr große Geschichten werden „kalt“ am Arbeitsplatz mit Material aus dem Fundus oder der Gedankenwelt der PR- und Lobbyindustrie geschrieben, ohne nur einmal mit einem der beschriebenen Akteure selbst zu sprechen oder ihre wahren Quellen anzugeben. Diese Reduzierung auf die 'Kommentierung von Marketing' ist weiter verbreitet, als Journalistenverbände, Kommunikationswissenschaftler, Redaktionsleiter und Presseräte ahnen wollen. Bernays setzt sich in seinem Buch zynisch von „investigativen Journalisten“ ab. Dazu gibt es heute kaum mehr einen Grund. Es gilt die vereinfachte Faustformel: Je stärker die PR, umso schwächer der Journalismus.

Inszenierte Exklusivität durch privilegierte PR-Information

Im so genannten ‚Visa-Untersuchungsausschuss' gegen Joschka Fischer wurde beispielsweise die Instrumentalisierung der Medien zur Perfektion getrieben. Im

Hintergrund bündelte ein hoch-professioneller und medienerfahrener Mitarbeiter der CDU/CSU-Fraktion (der heute wieder prominenten Hauptstadtjournalismus betreibt), die gesamte Pressearbeit. Er führte Journalisten mit seinen Informationen wie Marionetten und steuerte die Kommunikation gegen Fischer nach „journalistischen Kriterien". Sein Erfolgsrezept: er bediente ein führendes Medium mit den sorgfältig ausgesuchten Dokumenten und steuerte so den Exklusivitätsstrom. Die so bediente Tageszeitung konnte dann stets mit „Exklusivrecherchen" aufwarten und die Agenturen entsprechend versorgen. Dieser Kreislauf funktionierte perfekt, vernebelte den eigentlichen Absender der Botschaften und verlagerte die Auseinandersetzung vom Parlament in die Medien-Arena. Dieses PR-Modell hat sich mittlerweile bei nahezu allen Strippenziehern in parlamentarischen Untersuchungs-Ausschüssen, aber auch bei anderen 'gesetzten Informationen' herumgesprochen. Selektiv gefilterte Informationen aus den Akten werden selektiv weitergegeben, um geadelt mit dem Stempel „exklusive Recherchen" den Weg über die Nachrichtenagenturen in eine breite Medienöffentlichkeit zu finden.

Dieser zentrale Lehrsatz der PR-Industrie war 1928 offenbar noch nicht so präsent. Bernays führt dieses Premium-Prinzip – das spurenfreie Eindringen in journalistische Kreisläufe – jedenfalls nicht aus. Auch frühere Untersuchungsausschüsse – etwa zur CDU-Spendenaffäre – wurden mit detailliert abgestuften Hintergrundrunden für ausgewählte Journalisten unterfüttert und gelenkt. Im Lichte dieser gängigen Praxis wirkt dieses publizistisch aufgeblasene ‚Ermittlungsverfahren' in der Rückschau etwas sonderbar. Ein Lehrstück im Fach ‚Negative Campaigning' und politischer Doppelmoral. Die gezielte Instrumentalisierung der Medien im Umfeld des „Visa-Untersuchungsausschusses" könnte als Lehrbeispiel für modernes Agenda Setting, gezielte Skandalisierung und professionelles Negative Campaigning gelten. Nicht immer verläuft der Kommunikationsprozess so idealtypisch. Aber dieser Fall wirft ein Schlaglicht auf die Thematisierungs-Chancen von „spin-doctors" und „Pressesprechern" im politischen Journalismus. Viele PR-Dienstleister, Lobbyisten und Kommunikationsexperten haben sich in Berlin auf dieses Fach spezialisiert. Immer wieder wird die Öffentlichkeit mit kleineren und größeren „Skandalen" versorgt. Aus erfolgreichen Kampagnen dieser Art wächst die Stabilität des „eisernen Dreiecks".

Reputations-Vernichtung durch Negative Campaigning der PR-Industrie

Einzelne PR-Agenturen und Lobbyisten haben sich mittlerweile darauf spezialisiert, relevante Medien mit negativen Informationen im Sinne ihrer Auftraggeber zu füttern. Marktvorteile im politischen Wettbewerb erreicht man heute wohl nicht zuerst mit klugen Ideen und ausgereiften Konzepten, sondern eher durch die Verbreitung von ‚heiklen' oder reputationsschädigenden Informationen über die zu attackierenden Akteure. Kurt Beck machte beispielsweise die Strippenzieher „aus der zweiten Reihe" für seinen Sturz vom SPD-Vorsitz verantwortlich. Ende Dezember 2010 berichtete die Süddeutsche Zeitung von Aktivitäten der Landes-CDU, die vor der rheinland-pfälzischen Landtagswahl das Privatleben des Ministerpräsidenten von einem „investigativen" Journalisten ausspähen ließ. Dieser beschaffte immerhin Becks Patientendaten, Steuer-Informationen und andere intime Details aus seinem Privatleben. Erinnerungen an Barschels Praktiken scheinen wieder auf.

Andrea Ypsilanti konnte die „Wortbruch-Kampagne" und die zum Teil infamen Angriffe auf ihre Person und ihr Privatleben nicht überstehen. Ihr wurde ein „Tricksilanti-Image" zugeschrieben, das von einzelnen Medien offensiv propagiert wurde. In der Politik steht das Wachstums-Modell ‚Negative Campaigning', inszeniert von PR-Agenturen oder professionellen ‚Gegner-Beobachtern', in einem Konjunktur-Hoch. Ein führender PR-Dienstleister brachte den Kaufmann Harald Christ, 2009 Mitglied für das Wirtschaftsressort im Schattenkabinett von Frank Steinmeier (SPD), gezielt in die Nähe von pädophilen Aktivitäten. Die 15-seitige Strafanzeige an die Staatsanwaltschaft Münster vom 25.2.2010 ist ein atemberaubendes Dokument krimineller Rufzerstörung. Der PR-Profi Norbert H. Essing hatte demnach nichts unversucht gelassen, den Ruf seines früheren Kunden zu zerrütten. Bereits in früheren Bundestagswahlkämpfen wurden wichtige ‚Kampagnen-Themen' von den Parteien über ausgewählte Journalisten erfolgreich in die Medien geschleust. Edmund Stoibers Entgleisungen gegenüber den undankbaren Ostdeutschen wurden etwa von der SPD-Gegnerbeobachtung mit Hilfe von vermeintlich neutralen ‚Informanten' erfolgreich in die Öffentlichkeit geschleust. Was später als „Recherche" der Medien spektakulär präsentiert wird, ist oft nur professionell gesteuerte Kommunikation über eine simple Zulieferung. In Bernays Buch „Propaganda" steht wenig zu diesen schmutzigen Tricks; Tendenzen in diese Richtung gab es aber schon damals. PR wird von Bernay als saubere Disziplin schöngeschrieben; über „schwarze PR" erfährt man nichts.

In dieser dunklen Disziplin gelten folgende Arbeitsprinzipien. PR-Spezialisten suchen sich professionelle Informanten, ‚ihre Journalisten' und ‚ihr Medium' aus. Der potentielle Wirkungshorizont einer ‚Geschichte', die Mechanik ihrer Verwertung, die Garantie der Anonymität, langjähriges Vertrauen in einem Geschäft von „Geben und Nehmen" sind nur einige Kriterien, die diese Zusammenarbeit prägen. Die Faustregel lautet: Je relevanter das Informanten-Material, umso gezielter wird das „passende Medium" ausgesucht, das mit Sicherheit „Exklusivmeldungen" (an nachrichtenarmen Wochenenden) generieren kann. Denn darauf kommt es an: Parteien, Ministerien, Regierung und Opposition, aber auch NGO's haben gelernt, das nicht sie selbst eine „relevante" Information veröffentlichen sollten. Der Umweg über eine Exklusiv-Geschichte einer namhaften Zeitung oder eines Magazins stimuliert den Medien-Hype wesentlich intensiver.

PR-Manipulation über Pseudo-Experten

Die Problematik von (vermeintlichen) Experten als Quellen wird unter Journalisten oder von professionellen Medienbeobachtern aus der Kommunikationswissenschaft systematisch ignoriert. Zu diesem auch von der Medienkritik ignorierten journalistischen Tabu-Thema gibt es eine hoch interessante interne Anleitung der Nachrichtenagentur AP zum „Umgang mit Quellen" (AZ: FH/Letzte Aktualisierung 02.10.2006). Hier werden alle Mitarbeiter auf die Regeln bei der Quellenprüfung, auf die Problematik von Blogs und Quellen im www, auf die Quellenaufbewahrung und Quellenhinweise aufmerksam gemacht. Besonders aufschlussreich ist das Kapitel ‚Experten/Schwarze Liste'. In dem nicht öffentlichen Dokument heißt es: *„In dieser – bislang noch sehr unvollständigen – Liste aufgeführte Experten oder Institutionen haben uns aus unterschiedlichen Gründen schon Probleme bereitet und werden daher in der AP-Berichterstattung nicht berücksichtigt. Alle AP-Mitarbeiter, die schlechte Erfahrungen mit Experten/Institutionen gemacht haben, mögen diese bitte per Mail an (...) mailen, damit wir sie ggf. in diese Liste aufnehmen können."* Nur zwei Fallbeispiele: *„Geheimdienste: Udo Ulfkotte (nicht unumstrittener Geheimdienstexperte, der inzwischen auch als ddp-Mitarbeiter firmiert und damit für uns endgültig nicht mehr in Frage kommt). Gesundheit: Deutsche Gesellschaft für Ernährungsmedizin und Diätetik (DIET) (betreibt sehr geschickt verdeckte Produkt-PR; wurde vor zwei Jahren von der 'SZ' als unseriös enttarnt."* Die interne Liste der Nachrichtenagentur AP ist eine sehr wertvolle Quelle. Gleichwohl müssten nicht nur die großen Nachrichtenredaktionen diese Sensibilität pflegen, wenn interessengebundene ‚Rentenexperten', ‚Börsenexperten' oder ‚Automobilexperten' die jeweilige Marktlage aus ihrer PR-Perspektive erklären. Journalisten suchen sich oft „ihre" Experten aus und benutzen sie als „inneres Geländer" für ihre Story. Eine Prüfung der tatsächlichen Kompetenzen und Interessen-Verfilzung ist die seltene Ausnahme. Ein Experte ist heute schon ein Experte, wenn die Medien ihn zum Experten gemacht haben. Nicht selten spielen auch die permanente Verfügbarkeit des jeweiligen Experten und dessen sprachliche und intellektuelle Anpassungsleistung an die (reduzierte, vereinfachende) Erwartungshaltung des jeweiligen Mediums eine zentrale Rolle.

Die schleichende Veränderung der Nachrichtenfaktoren begünstigt den Zugriff der PR-Industrie auf die Medien

„Gesprächswert“ ist heute in den meisten Medien wichtiger als der klassische „Nachrichtenwert“ eines Themas. Skandalisierung, Personalisierung und Visualisierung sind heute nahezu unschlagbare Nachrichtenfaktoren, die selbst seriöse Nachrichtenagenturen nicht mehr ausblenden können. In diesem Zusammenhang werden der Öffentlichkeit zunehmend Legenden wie die angebliche „online first-Strategie“ mancher Verlage präsentiert. Selbst gestandene Nachrichtenredakteure protestieren nicht, wenn sie die News nicht mehr nach den klassischen Relevanzkriterien, sondern nach den thematischen Bedürfnissen ihrer „Kunden“ auswählen, texten, redigieren und platzieren. Brennpunkte und Themenschwerpunkte gibt es, wenn der Winter mal ein echter Winter ist, nicht aber zur gezielten Manipulation der Arbeitslosenzahlen in Deutschland. Einmal durch Wiederholung gelernte und mit einer einfachen Story verkaufte Skandale beschäftigen die Medien oft monatelang. Geschichten im Umfeld von Amtsmissbrauch und Korruption werden jedoch selten von Journalisten ‚ausgegraben’, sondern oft von gut präparierten Informanten auf die Agenda ‚gesetzt’. Alle Belege und Fakten zu Rudolf Scharpings verhängnisvoller Verbindung mit dem Waffen-Lobbyisten und PR-Mann Moritz Hunzinger wurde zunächst dem Spiegel offeriert; erst danach dem Stern, für den sich der Informations-Deal schließlich auszahlte. Ernst Weltekes (Ex-Bundesbank) Adlon-Ausflug zur Euro-Taufe mit familiärer Entourage wurde von seinen Konkurrenten und einstigen Weggefährten im Finanzministerium mit Hilfe von Kopien der Rechnungsbelege skandalisiert. Auch im Fall der RWE-Lobbyisten Laurenz Meyer und Hermann-Josef Arentz kannten die professionellen Informanten die Grammatik der neuen Nachrichtenfaktoren und bauten auf geschicktes Timing, kalkuliertes Dementi, dosierte Materialergänzung – und schließlich den öffentlichen Abgang. Die Dramaturgie solcher Exit-Prozesse planen PR-Profis präzise am Reißbrett.

Passivität der PR-Verbände

Oft wird in solchen Fällen – auf Empfehlung von PR-Beratern – mit großem Aufwand versucht, die ‚Nestbeschmutzer’ (Informanten) zu finden, um die undichten Löcher zu schließen. Im Fall Florian Gerster, einst Chef der Bundesagentur für Arbeit (BA), lancierten interessierte Referenten sogar einen FAZ-Artikel. Ganz unverhohlen wurde die frühere stellvertretende DGB-Vorsitzende Ursula Engelen-Kefer an den Informanten-Pranger gestellt: *„Die Hauptverdächtige Engelen-Kefer ist unterdessen auf Tauchstation ...“*, hieß es lakonisch. (FAZ 29.11.2003). Die Medien veröffentlichten in diesem Fall zwar das Material von Gersters Konkurrenten (und Nach-

folger Weise), aber sie bohrten nicht nach: Die wirklichen Skandale um die freihändige Vergabe und mangelhafte Durchführung von millionenschweren Beratungs-Projekten der BA im IT-Bereich sind bis heute nicht aufgedeckt.
Bei der Berichterstattung über Unternehmens-Skandale gibt es ein wesentliches Handicap. Einen Informations-Anspruch gegenüber Unternehmen gibt es für Journalisten nicht. Eigentlich ein Thema für die zahlreichen Berufsverbände der PR-Industrie, den Bundesverband der Pressesprecher oder den Deutschen Presserat. Aber auch Chefredakteure könnten sich gegen die als naturgegeben wahrgenommene Informationssperre wehren. Ähnlich wie bei der Kampagne zur „Autorisierungs-Zensur von Politiker-Interviews" oder der Beschränkung von Prominenten-Fotografen (‚Fall Caroline') könnte die ‚Schweige-Zensur' von betroffenen Unternehmen, Behörden und Pressestellen prominent thematisiert werden. Auffällig ist jedoch die Passivität etablierter Verbände, wenn es um die Negativ-Wirkungen der PR-Akteure auf den Journalismus geht. Die faktische Verschmelzung hat auch hier offenbar ihre Spuren hinterlassen.

Agenda cutting als professionelle Disziplin der PR-Industrie

Themen platzieren – das ist das Standbein der PR-Industrie. Themen zu verhindern, zu verzögern und zu blockieren – ist das Spielbein der Branche, die sich nur ungern in die Karten schauen lässt. Intern gilt die „systematische Informationsblockade" ohne Spuren zu hinterlassen als die „Königsdisziplin" der PR-Branche. Wem es gelingt bereits ausgereifte Recherchen zu verhindern, Artikel geschmeidig und geräuschlos v o r ihrer Veröffentlichung zu entfernen, darf mit dem höchsten Respekt der Kollegen rechnen.

Der überall gültige Informations-Ermittlungsanspruch leitet sich aus der Presse- und Rundfunkfreiheit ab. Der Grundkonsens: *„Die Presse erfüllt eine öffentliche Aufgabe. Insbesondere dadurch, dass sie Nachrichten beschafft und verbreitet, Stellung nimmt, Kritik übt und auf andere Weise an der Meinungsbildung mitwirkt."* In fast allen Landespressegesetzen gibt es dementsprechend eine ausdrückliche Normierung: *„Die Behörden sind verpflichtet, den Vertretern der Presse die der Erfüllung ihrer öffentlichen Aufgaben dienenden Auskünfte zu erteilen,"* heißt es etwa im § 4 Landespressegesetz NRW.

Doch diese Auskunftspflicht der Behörden entwickelt sich in der Praxis immer mehr zu einer Farce. Ministerien und Behörden mauern immer dann, wenn es heikel wird. Die Ausnahmeregeln spulen die Pressesprecher auswendig ab: „Schwebendes Verfahren", „Vorschriften über die Geheimhaltung", „Datenschutz" oder „schutzwürdige Interessen". Die Abschottung und die von manchen Ministerien –

wie dem Gesundheitsministerium – sogar öffentlich eingeräumte ‚Auswahl' von Journalisten, die Informationen erhalten, amputiert gezielt die Pressefreiheit und züchtet einen ‚Generalanzeiger-Journalismus', wo Pressesprecher als Füllfederhalter der Medien agieren. Diese Abschottungs-Techniken, verbunden mit der Androhung juristischer Maßnahmen gegen die Journalisten, gehören zum Dienstleistungsangebot von PR-Experten. Ein Beispiel: Immer wieder wurde die Öffentlichkeit zum Thema ‚NPD-Verbot' gezielt desinformiert. Führende Politiker versuchen den Konflikt mit dem Bundesverfassungsgericht allein auf die Rolle der zahlreichen NPD-V-Leute zu reduzieren. Tatsächlich haben aber die beiden von den Innenministerien eingesetzten Arbeitsgruppen von Verfassungsschützern und Staatsrechts-Experten gewichtige andere Gründe gegen ein NPD-Verbot aufgelistet. In einem nicht öffentlichen Gutachten haben Staatsrecht-Experten die jahrelang abwartende, beobachtende Rolle der Politik kritisiert, die militante Gewaltbereitschaft der NPD in Frage gestellt und die hohen Hürden des Parteienverbots juristisch begründet. All diese Argumente wurden aus dem öffentlichen Diskurs ausgeblendet, auch weil die Behörden die fundierten, aber unbequemen Berichte der beiden Beratungs-Gremien nicht herausgeben. Der Fall „NPD-Verbot" ist nur ein Beispiel einer zunehmenden Informations-Selektion von Politikern, Wirtschafts- und Behördenvertretern.

PR-Desinformation durch Informationsverweigerung und gezielte Auslassung.

Diese Technik funktioniert auch, weil zu viele Journalisten sich zu schnell von den Behörden abweisen lassen. Oft hilft in Konfliktfällen schon die Forderung einer schriftlichen Begründung für die Informations-Blockade. Solche Ablehnungen – die meist verweigert werden – könnten Journalisten sammeln und öffentlich machen. Dies wäre der wirksame Protest gegen die konsequente Informationsverhinderung von Pressesprechern, die sich – bis auf wenige Ausnahmen – allein den Gesetzen der PR verpflichtet fühlen.

Denn ihr Bild von einer funktionierenden Presse ist ganz einfach. Die Medien sollen das veröffentlichen, was die Pressestellen ihnen mitteilen. Rückfragen überflüssig, Nachfragen unnötig. Das rheinland-pfälzische Innenministerium sieht Medien sogar in der Rolle eines ausführenden Organs, wie ein entsprechendes Dokument zum Umgang der Polizei mit den Medien belegt. Wenn diese Praxis aber weiter kritiklos hingenommen wird, verkümmert die Auskunftspflicht der Behörden in rasantem Tempo und wird am Ende so praktiziert, wie – schon heute – die rigide Informationspolitik der Unternehmen. Offenbar verfahren auch Medienvertreter hier nach dem Motto des Broadway-Kolumnisten Walter Winchell, der den PR-Leuten aus dem Herzen sprach: *„Zu viel Recherche macht die schönste Geschichte kaputt."*

Der restriktive Umgang mit dem Informationsfreiheitsgesetz auf Bundes- und Landesebene illustriert zudem – bezogen auf das Informationsverhalten – das Klima des überholten Obrigkeitsstaates. Veröffentlicht wird nur das, was mit Hilfe der Ausnahmeregelungen nicht verhindert werden kann. Aber auch hier muss eingeräumt werden, dass nur wenige Journalisten – fünf Jahre nach Einführung des Gesetzes im Januar 2011 – an diesem Instrument der Informationsbeschaffung interessiert sind.

Die Bequemlichkeits-Falle der „Churnalisten" ist das soziale Kapital der PR-Akteure

Nicht ausgeklammert werden sollte aber die naive PR-Abhängigkeit, die immer mehr Journalisten freiwillig eingehen. Diese Grundtendenz belegt eine hochinteressante Studie aus Großbritannien. Nick Davies, erfahrener Sonderkorrespondent der britischen Tageszeitung ‚The Guardian', hat die britische Qualitätspresse einem aufwändigem Test unterzogen. Seine Ergebnisse sind niederschmetternd und vielleicht eine Folie für deutsche Kommunikationswissenschaftler, die ähnliche Tendenzen in der deutschen Medienlandschaft bislang nicht erkennen konnten. „Ich war gezwungen mir einzugestehen, dass ich in einer korrumpierten Profession arbeite", so das Fazit des 400-seitigen Werks mit dem Titel ‚Flat Earth News'. Die Journalisten seien im „professionellen Käfig" ihrer „Nachrichtenfabriken" gefangen und zu „Churnalisten" verkommen. (nach 'to churn out' = auswerfen). Sie schrieben Pressemitteilungen oder Agenturmeldungen nur noch schnell um, ohne selbst nachzuforschen.

Dieser Zustand mache die Massenmedien äußerst anfällig für die Verbreitung von Falschmeldungen, irreführenden Legenden und Propaganda. In seiner Buch-Rezension zitiert Henning Hoff in der Frankfurter Allgemeinen Sonntagszeitung (www.faz.net) schockierende Zahlen einer empirischen Untersuchung von 2000 Berichten (im Frühjahr 2006) der britischen Qualitätspresse. *„Sechzig Prozent bestanden ausschließlich oder hauptsächlich aus PR-Material oder Berichten von Nachrichtenagenturen, die aber auch nur bei zwei Prozent als Quelle angegeben worden waren. (...) Nur zwölf Prozent der Texte ließen auf eigene Recherchen schließen."* Die Ursache für diese Entwicklung – die wohl keine britische Spezialität ist – sieht Davis so: *„Das Grundproblem ist, dass eine kommerzielle Logik die journalistische abgelöst hat."* Nicht nur im Online-Markt wird heute nicht mehr von Journalismus, sondern von ‚Geschäftsmodellen' gesprochen. Journalismus als Ware, die mit möglichst geringem (personellem) Aufwand hergestellt werden soll? Nick Davies erschütternde Analyse endet mit einer bitteren Botschaft: *„Ich fürchte, ich beschreibe nur den Tumor, der uns umbringt, ohne eine Therapie anbieten zu können."*

Journalisten haben ein naives Verhältnis zu PR

In fast keinem journalistischen Lehrbuch findet sich ein Kapitel zum Thema „PR" und Journalismus, in dem die Motive und Methoden der florierenden Branche untersucht werden. Keine Warnungen, keine Hinweise, keine skeptischen Gedanken. Vielleicht liegt das daran, dass viele PR-Berater sich selbst als Journalisten sehen und möglicherweise sogar ihre Mitgliedsbeiträge an die gleiche „Gewerkschaft", den DJV oder dju in verdi, abführen. Die meisten Journalisten haben längst die „Vermittler- und Service-Rolle" der PR-Agenturen akzeptiert, „verkaufen" gerne weiter, was ihnen zuvor „verkauft" wurde. Ein Ausflug auf die Webseite von www.journalismus.com illustriert das naive Verhältnis vieler Journalisten gegenüber PR. Die hier aufgelisteten – von der PR-Industrie erfundenen – Journalistenpreise mögen als Dokument dienen, wie Journalismus und PR zusammengewachsen sind.

Die Kommunikationswissenschaft hat die Kolonialisierung und die Degenerierung des Journalismus durch PR-Systeme nicht einmal auf der wissenschaftlichen Tagesordnung. Dissertationen (der Druck wurde von der PR-Agentur fischerAppelt finanziert) mit dem Titel „Journalismus und Public Relations" gipfeln in der bahnbrechenden Analyse, dass die PR und Journalismus „noch nicht existentiell aufeinander angewiesen" sind (Hoffmann, 2001: 239). Offenbar hat die Forschung in diesem Feld ein ähnliches Verhältnis zu ihrem Gegenstand wie ein Atomphysiker von PreussenElektra zur Atomenergie. Diesem „wissenschaftlichen" Verständnis entspricht eine heikle Tendenz, die in Deutschland kritiklos hingenommen wird. An zahlreichen Universitäten und Fachhochschulen werden Journalismus u n d PR parallel gelehrt und in der Praxis trainiert. Die Verschmelzung zwischen PR und Journalismus wird hier institutionalisiert. Von einem eigentlich selbstverständlichen Trennungsgebot hat man sich hier schon lange verabschiedet. Auch die Studierenden scheint dies nicht zu stören: „Was mit Medien" steht auf ihrem Plan.

Nicht nur für den Schweizer Publizisten René Grossenbacher steht der publizistische Sieg der PR-Branche über den recherchierenden Journalismus bereits fest: *„Das Public-Relations-System hat auf Kosten der Medien und der Journalisten gewonnen; dieser Trend wird anhalten."* Fast zwei Drittel der Berichterstattung basieren auf „offiziellen Verlautbarungen, Pressekonferenzen, Pressemitteilungen und anderen PR-Quellen. Weil nur noch jeder zehnte Artikel aus journalistischer Initiative entstehe, so Grossenbacher, mutiere der Journalist zunehmend zum

„Textmanager", der sich „aufs Kürzen und oberflächliches Neutralisieren von Texten" beschränke. Die viel beschriebenen Tendenzen im Journalismus – wie die Nutzwert-, Unterhaltungs- und Personalisierungs-Orientierung – fördern diese Entwicklung. Andere Zwänge des Medienbetriebs führen meist zu der Frage: „Lässt sich die Story rasch, unkompliziert und ohne großen Aufwand umsetzen?" Bei der Beantwortung dieser Frage sind die helfenden Hände der PR-Referenten auf allen Ebenen gerne behilflich. Sie fungieren gleichsam als Informations-Lieferanten, als intellektuelle Sauerstoff-Oasen und (kostenlose) Stoff-Lieferanten für die Medien. PR-Experten werden immer häufiger zu den intellektuellen Kontaktbeamten, die Journalisten stets mit Rat und Tat zur Seite stehen. Dieser Tauschprozess – Materiallieferung auf der Basis von Wohlverhalten – hat mittlerweile eine derartige Dynamik erhalten, dass selbst PR-Mitarbeitern die Intensität der Entgrenzung „zu weit geht".

Ein wesentlicher, struktureller Vorteil der PR-Branche ist ihre noch wachsende Finanzausstattung. Das Instrument der wissenschaftlichen Auftragsforschung oder der kosmetischen Demoskopie wird beispielsweise gerne „eingekauft", um die Medien so mit Nachrichten und „Fakten" zu füttern. Nicht nur die Deutsche Bahn AG hat einen neuen Weg eingeschlagen. TV-Sender werden mit fertigem „Footage"-Material mit Bildern und O-Tönen ausgestattet. Gleichzeitig darf man auf keinem deutschen Bahnhof ungestört mit einem Kamerateam drehen. Nicht nur vom privaten Hörfunk werden „fertige Hörfunkbeiträge" aus den PR-Werkstätten ohne Hinweis auf die Quelle des kostenfreien Journalismus gesendet.

Wie sich dieses System in der Fernsehpraxis auswirkt, hat der HR-Redakteur Ingo Nathusius analysiert. Distanzlosigkeit, Faulheit, derangierte Berufsauffassung und die soziale Nähe sind demnach die Grundlagen für die Manipulations-Mechanismen, auf die sich viele Journalisten einlassen. Wie perfekt das System von „Geben und Nehmen" mittlerweile organisiert ist, beschreibt Nathusius an Hand von zahlreichen Praxisbeispielen. Doch die Mischung aus „Bilderwahn und Zeitdruck" – sozusagen das Gleitmittel der bestellten Wahrheiten – kommt nicht ohne die Produzenten im schnellen Geschäft aus: „Es lockt wenig Dichter und Denker an. Eher mögen vorbehaltlose Einsatzfreude, Flexibilität, ein Hauch Oberflächlichkeit und eine Prise Eitelkeit vorherrschen. In solchen Strukturen ist das Bedürfnis nach Selbstkritik und Reflexion gering."

In einer Zeit, in der nach dem großen Boom die Berufsgruppe der Journalisten zunehmend mit Entlassungen und Niedriglöhnen zu kämpfen hat und PR-Unternehmen sich als Jobmaschinen anbieten, werden gewohnte Tabuzonen geöffnet, gelten bewährte Standards nicht mehr. Manche Privatsender müssten sich eigentlich als „Dauerwerbesendung" etikettieren; denn immer häufiger wird auf kostenfreie Beiträge externer Anbieter zurückgegriffen. Journalismus im Gewand der PR. Längst ist es kein Geheimnis mehr, dass bestimmte Publikationen nicht für den Lesermarkt, sondern allein für den Anzeigenmarkt kreiert werden. Nicht selten liefern die Redaktionen das ansprechende Umfeld für die Werbung; zu diesem Zweck gibt es langfristige Beilagen-Planungen und kurzfristige Absprachen zwischen Redaktion und Anzeigen-Abteilung. Nicht wenige Verlage unterhalten noch eigene Konkurrenz-Blätter in ihrer Region, um einen ernsthaften publizistischen Wettbewerb zu unterbinden. In diesem Klima kann Public Relations wachsen wie Champignons im warmen Treibhaus.

Doch all diese Entwicklungen sind nur selten Thema der journalistischen Kritik. Mit wenigen Ausnahmen. Thomas Gierse von der Rhein-Zeitung beklagte die bedenklichen Tendenzen bereits im Almanach für Journalisten 2002. Sein pragmatisches Fazit: *„Passives Hinnehmen solcher Trends, Kapitulieren vor den immer wieder neu formulierten Ansprüchen der PR-Macher muss dennoch nicht sein."*

Medien folgen künftig dem „maximalen werblichen Gesamtnutzen"

Der Kampf um Aufmerksamkeit der Kunden wird im Zeitalter der Reizüberflutung künftig wesentlich mit Hilfe von PR-Agenten ausgetragen. Die Ausgaben für klassische Werbung werden weiter abschmelzen. Sponsoring, Medienkooperationen, Sonderwerbeformen, PR in allen Varianten, Investitionen in Social Media und andere versteckte Werbeformen wachsen in rasanten Tempo. Ziel ist die möglichst *„kreative inhaltliche und formale Vernetzung unterschiedlicher Werbeträger"*, schrieb Annette Coumont („Spezialistin für vernetzte Kommunikationslösungen") schon vor 10 Jahren in der WDR-Hauszeitschrift print (9/2002). *„Ziel ist die Verzahnung von klassischen und nicht-klassischen Medien, um den maximalen werblichen Gesamtnutzen zu erreichen."*

Die Verschmelzung von Journalismus und PR, von Werbung und anderen Kommunikationsangeboten ist der Megatrend, den Edward Bernays 1928 so noch nicht beschrieben hat. Den manipulativen Gehalt einer „dressierten Öffentlichkeit" konnte man allerdings aus der Fülle seiner Fallbeispiele herauslesen. Schafft sich der Journalismus als Anhängsel der PR selbst ab?

Jürgen Leinemann, ein Urgestein des deutschen Politik-Journalismus, hat gefährliche Grundtendenzen im Medienbetrieb schon früh auf den Punkt gebracht: *„Alles, was nach Drama aussieht, kommt gut an. Die Leute wollen Helden und Schurken, Richtig und Falsch."* Diese Publikumswünsche werden von den PR-Spezialisten erkannt, die „Kunden“ entsprechend bedient. Dazu kommt die fast dominierende Haltung vieler Journalisten, mit ihren Rückfragen lediglich eine taktische Absicherung ihrer Hypothesen im Herdentrieb, des gerade gültigen Mainstreams oder verbreiteter Vorurteile, vorzunehmen. Fundierte Sachanalysen und kompetente Einordnung von Fakten und Prozessen auf der Grundlage langjähriger fachlicher Beobachtung werden so zu seltenen Ausnahmen.

Das heikelste Problem im Verhältnis von „PR und Journalismus“ ist die Ignoranz vieler Journalisten gegenüber den vom PR-System ausgehenden verdeckten Angriffen auf die Unabhängigkeit der Medien und der forcierten Gefährdung der journalistischen Profession. Gegen diese Abwehrhaltung ist (noch) kein Kraut gewachsen. Aber vielleicht kann man wirksame Gegenmittel empfehlen: Bernays Buch „Propaganda“.

Dokumentationen

Die Dokumentationen

nr-Werkstatt:
Fact-Checking

und

nr-Werkstatt:
Die Einsteiger

können kostenfrei gegen einen adressierten und ausreichend frankierten Rückumschlag (DIN C5, 1.50 Euro) beim netzwerk recherche bezogen werden.

www.netzwerkrecherche.de
info@netzwerkrecherche.de

nr
netzwerk recherche

Sisyphos war ein glücklicher Mensch – 10 Jahre netzwerk recherche e. V.

FAQs zur Arbeit von netzwerk recherche

Wie kam es eigentlich zur Gründungsidee von netzwerk recherche e. V.?

Ein Kristallisationspunkt war das Buch "Leidenschaft Recherche". Zwei Dutzend Kolleginnen und Kollegen haben hier ihre Recherche-Erfahrungen gebündelt und selbstkritisch reflektiert. Wenn man einen dicken Strich unter die Texte zieht und die Summe der Erkenntnisse bilanziert, kommt man zu einem simplen, aber auch ernüchternden Ergebnis: die meisten Rechercheure sind in ihren Redaktionen Einzelkämpfer, die ihr Know-how, ihre Niederlagen und Erfolge im eigenen Kopf speichern und ihre Erfahrungen nur selten weitergeben. Zweiter Befund – untereinander sind die Recherche-Solisten nur sehr lose vernetzt, nach dem Muster einer lose verkoppelten Journalisten-Anarchie. Diese Form der „splendid isolation" wollten wir auflösen und ein **Recherche-Erfahrungs-Cluster** aufbauen.
Dazu kam die persönliche Erfahrung nach einem Jahrzehnt im Feld des Magazin-Journalismus und der Feature-Produktion in der ARD. Recherche-Journalismus war auch hier immer wieder bedroht: fünftes Rad am Wagen, von Presseanwälten und betroffenen Lobbygruppen attackiert, unter Quotendruck und stets im Stahlbad politischer Interessen. Zudem drängte mich mein Kollege Oliver Merz (†) ausdauernd mit der Idee, man müsse sich zusammenschließen, um diesen Tendenzen zu begegnen.

http://www.netzwerkrecherche.de/Projekte/Jahreskonferenzen/Gruendungsversammlung/
http://www.netzwerkrecherche.de/Publikationen/Buecher/Leidenschaft-Recherche-1999/

Was passierte bei der Gründungsversammlung Ende März 2001 in der Eifel?

Das war alles sehr überraschend. Der Sinnspruch: Nichts ist erfolgreicher als eine Idee, die zur richtigen Zeit kommt, stimmte offenbar. Mehr als 40 Kolleginnen und Kollegen reisten in ein abgelegenes Hotel bei Simmerath und gründeten „netzwerk recherche e. V."
Das breite Spektrum der damaligen Gründer – von Spiegel-Stars über Magazinmacher bis hin zu Freelancern – entspricht auch der heutigen Mitgliederstruktur. Das Fundament für einen Gründungskonsens war schon ausgeprägt. Da musste

niemand mehr überzeugt werden. In unseren Kernpositionen waren wir uns einig. Die Programmklammer war **„Recherche fordern und fördern."** Der soziale Kitt bestand aus dem gewünschten Erfahrungsaustausch – frei nach Buber: **„Nichts ist wichtiger als die Begegnung."**

Warum wurde aus dem offenen Treffen gleich ein „eingetragener Verein" mit Satzung und Vorstand?

Ohne klare Verantwortung versickert der gute Wille im Nirwana.
In intensiver Vorarbeit hatte ein Kernteam einen Satzungsentwurf erarbeitet, der den zuvor gebildeten Konsens verdichtete. Im Nachhinein ein Glücksfall. Denn in der Rückschau dokumentiert die nun 10 Jahre alte Satzung eine ungewöhnliche Stabilität in den Programmen und Positionen. Bis heute musste noch kein Wort geändert werden. Das Programmfundament für den gemeinnützigen Verein ist sehr stabil.

http://www.netzwerkrecherche.de/Verein/
http://www.netzwerkrecherche.de/nr-Positionen—Positionen-des-netzwerk-recherche/

Warum wurde schon bei der Gründungsversammlung ein Vorstand gewählt?

Wir hatten uns ja eine Fülle von Projekten vorgenommen – von der klassischen Seminararbeit, Publikationen, Studien, Konferenzen, Programmpapiere etc. Irgendwer musste ja die Arbeit koordinieren und vorantreiben. Im Kreis einer chronisch überlasteten und gleichzeitig **hedonistisch veranlagten Berufsgruppe** – kein einfaches Unterfangen.
Georg Mascolo nahm die Dinge dann in die Hand und schrieb die an diesem Wochenende genannten Namen des denkbaren Vorstands auf einen Bierdeckel. Herauskam ein Vorstand, der die Philosophie des netzwerkes repräsentierte.

http://www.netzwerkrecherche.de/Verein/Vorstand/

Wie konnte die Gründung und die Aufbauarbeit funktionieren? Aus dem Nichts – ohne einen Pfennig, ohne Ressourcen und ohne Traditionsbezüge?

Der wichtigste Katalysator war die überzeugende Grundidee. Unsere Mission – eine vertiefte **Recherche als Qualitätsklammer** für den Journalismus zu pflegen und zu hegen – leuchtet ein und hat einen konkreten Nutzwert. Dazu klare Positionen, begründete Kritik an Missständen, Selbstkritik der Branche, für die Praxis nützliche Informationen. Dazu eine Fülle interessanter und kontroverser Veranstaltungen. Offenbar gab es in all diesen Themen einen 'blinden Fleck'.

Wie funktioniert die Kommunikation?

Alle gut 500 Mitglieder bekommen die Vorstandsprotokolle und die Projektskizzen aller wichtigen Vorhaben, verbunden mit der Bitte um Mitwirkung. Dazu gibt es stetige Informationen zu wichtigen Aspekten rund um die Netzwerk-Idee.
Jeden Monat kommt dann der **nr-newsletter**, der an einen großen Verteiler gemailt wird und über das gesamte Leistungsspektrum von nr informiert.

http://www.netzwerkrecherche.de/Newsletter/

Warum ist die Programmarbeit für das netzwerk so wichtig?

Man braucht inhaltliche Leitplanken, um erkennbar zu sein und sich zu unterscheiden. Klare Positionen schaffen Aufmerksamkeit und Identität. In zehn Jahren haben wir eine Fülle gründlich erarbeiteter Papiere präsentiert. Unsere Programme sind Dauerbrenner und leiden nicht unter der sonst üblichen Halbwertzeit. Die Argumentationspapiere zu den Gefahren der PR für den Journalismus, zu den Schwächen des Wirtschaftsjournalismus oder jüngst zum Online-Journalismus verbinden stets **analytische Schärfe** in der Lagebeschreibung mit **praktischen Empfehlungen.**

http://www.netzwerkrecherche.de/Publikationen/nr-Werkstatt/15-Werte-und-Orientierungen/

Warum ist für das netzwerk recherche die Auseinandersetzung mit den Gefahren der PR so wichtig?

Weil sich kein anderer Journalistenverband und die meisten Jounalisten nicht mit dem Thema beschäftigen. **„Journalisten machen keine PR"** – Punkt fünf des nr-Medienkodex – war eine geniale Vereinfachung, die viele Diskussionen angeregt und Veränderungen eingeleitet hat. Der deutsche Presserat hätte ohne unsere Kritik seine Spruchpraxis in dieser Sache sicher nicht von selbst korrigiert. Aber auch hier gibt es noch viel Spielraum. Das Kernproblem: zu vielen Journalisten ist überhaupt nicht klar, dass sie einen besonderen Beruf mit besonderen Rechten, aber auch mit hoher Verantwortung ausüben. Die Unabhängigkeit und die Freiheit von Interessen ist schlicht konstituierend. PR will aber die Unabhängigkeit einkaufen und einseitige Interessen über die Medien wirkungsvoll durchsetzen.

http://www.netzwerkrecherche.de/nr-Positionen—Positionen-des-netzwerk-recherche/Medienkodex-des-netzwerk-recherche/

Was ist das wichtigste Projekt von netzwerk recherche?

Kein Zweifel: Die Jahreskonferenzen im Sommer im NDR in Hamburg. Selbst unsere Kritiker müssen eingestehen, dass hier die interessanteste und produktivste Konferenz „von Journalisten für Journalisten" stattfindet. Mittlerweile ist die nr-Konferenz in Hamburg **„a place to be"**, voller Überraschungen, ein Praxis-Camp, wo man seinen Akku aufladen und den Rohstoff für neue Inspiration bekommt.
Die Ergebnisse der Jahreskonferenzen werden dokumentiert.

http://www.netzwerkrecherche.de/Projekte/Jahreskonferenzen/

Was bringen die Publikationen – etwa die Reihe „nr-Werkstatt"?

Mittlerweile gibt es fast 20 Ausgaben – gedruckt und online. Nehmen sie die Ausgabe „Fact-Checking". Dort finden sie viele Informationen, die sonst auf dem Publikationsmarkt nicht zu bekommen sind. Unsere Strategie:
Verwaiste Themen in spannenden Konferenzen zu präsentieren und zu debattieren und dann die Ergebnisse zu veröffentlichen, hat sich bewährt. **Qualität kommt (nicht nur in diesem Fall) von Qual**.

http://www.netzwerkrecherche.de/Publikationen/nr-Werkstatt/
http://www.netzwerkrecherche.de/Publikationen/nr-Werkstatt/16-Fact-Checking/

Welche Bedeutung haben die anderen Publikationen und Studien?

Viele Studien, die wir angeregt und veröffentlicht haben, legen den Finger in die Wunde der Nichtbeachtung. Die Studien zu den neuen Nachrichtenfaktoren, zum Journalismus in Brüssel, zu den Formatveränderungen im politischen Fernsehjournalismus oder jüngst zu der Krise des Lokaljournalismus, finden eine große Resonanz.
Im Lit-Verlag (Münster) publizieren wir eine **eigene Buchreihe**. Hier werden rund um den Themenkanon „Journalismus und Recherche" Dissertationen, Diplom- oder Magisterarbeiten veröffentlicht. Aus vielen unserer vier Mal jährlich stattfindenden **„Berliner Mediengesprächen"** entstehen später **„nr-Dossiers"**, die das Wissen zum Thema kompakt speichern.

http://www.netzwerkrecherche.de/Publikationen/Studien/
http://www.netzwerkrecherche.de/Publikationen/Publikationen-im-LIT-Verlag/
http://www.netzwerkrecherche.de/Publikationen/nr-Dossier/

Warum äußert sich netzwerk recherche nur selten in der Öffentlichkeit?

Seit 10 Jahren gibt es den Grundsatz, dass wir uns nur in wirklich wichtigen Themen- und Konfliktfeldern äußern, die für uns zentral sind. Vor fünf Jahren haben wir wesentlich dazu beigetragen, dass ein **Informationsfreiheitsgesetz (IFG)** eingeführt wurde. Zu diesem Thema und seinen nicht zufrieden stellenden Entwicklungen äußern wir uns natürlich regelmäßig. Bei der Kürzung der Magazine in der ARD haben wir uns deutlich positioniert, auch wenn es dokumentierte Übergriffe der PR gibt (z. B. das PRGS-Gutachten zu den Manipulationsversuchen rund um die Atomenergie), melden wir uns auch. Aber der Grundsatz gilt: **Substanz entscheidet**.

http://www.netzwerkrecherche.de/Projekte/

Welche Wirkung hat die „Verschlossene Auster", der Negativpreis von nr?

Schauen Sie sich die Liste der Preisträger an: Otto Schily, Ex-Bahnchef Mehdorn, Putin oder die katholiche Kirche: alle Preisträger haben – auch in der Rückschau – den Preis verdient. Übrigens gilt auch hier das **netzwerk-Prinzip der Kontroverse**. Alle Preisträger sind nach der Laudatio aufgefordert, auf die Kritik zu antworten.

http://www.netzwerkrecherche.de/Projekte/Verschlossene-Auster/

Welchen Stellenwert hat dagegen der nr-Positivpreis – der „Leuchtturm für besondere publizistische Leistungen"?

Einmal im Jahr wollen wir hervorragende Journalistenleistungen öffentlich würdigen. In den vergangenen Jahren ist eine imposante Liste von Preisträgern mit erstklassigen Recherchen zusammengekommen. Hier kommt es uns auch darauf an, die „stillen Stars" herauszufiltern und deren Leistungen zu vermitteln.

http://www.netzwerkrecherche.de/Projekte/Leuchtturm/

Was bedeutet „Recherche fordern und fördern" in der Praxis? Welche Erfolge haben die „Recherche-Stipendien" gebracht?

Die Recherche-Stipendien, die wir unter anderem in Kooperation mit der Otto-Brenner-Stiftung vergeben sind eine Erfolgsstory. Über einen längeren Zeitraum und mit der Unterstützung von Mentoren können junge Kolleginnen und Kollegen – gestützt auf ein Stipendium – ein Thema intensiv recherchieren. Der größte Erfolg unserer Stipendien-Idee war aber sicher der **Schneeball-Effekt**. Zahlreiche Organisationen haben die Idee aufgegriffen und vergeben heute auch Recherche-Stipendien.

http://www.netzwerkrecherche.de/Ausbildung/

Wie finanziert sich netzwerk recherche?

Jedes Mitglied zahlt einen Jahresbeitrag von 60,– Euro, manche freiwillig etwas mehr. Konferenzen und Seminare werden überwiegend mit Teilnehmergebühren finanziert. Dazu kommen Mittel etwa der Bundeszentrale für politische Bildung, die uns bei der Durchführung der nr-Jahreskonferenz hilft. Unsere Geschäftsstelle mit einem halbtags beschäftigten Geschäftsführer wird von der Rudolf-Augstein-Stiftung gefördert. Publikationen – wie die nr-Werkstätten – werden mit Hilfe von Anzeigen finanziert. Das Spendenaufkommen ist leider (bisher) nicht nennenswert. Und im übrigen gilt: die gesamte Arbeit wird ehrenamtlich getragen und die Ausgaben seit der Gründung nach Prinzipien der vielzitierten **„schwäbischen Hausfrau"** extrem sparsam gesteuert. Eine Stiftung „netzwerk recherche" befindet sich in Gründung und soll ab Juli 2011 die Arbeit aufnehmen.

Welche Rolle spielt der internationale Austausch?

Ein Vertreter unserer amerikanischen Schwesterorganisation „investigative reporters and editors" (ire) war schon bei der Gründung dabei. Wir sind mit den europäischen Netzwerken und Partnerorganisationen verbunden. Der Austausch wird auch während der nr-Jahreskonferenz gepflegt. Unsere Leistungsbilanz kann sich im europäischen Vergleich durchaus sehen lassen.

Mit welchen Journalistenorganisationen kooperiert nr?

In Deutschland vor allem mit dem ReporterForum und Reporter ohne Grenzen. Beide Organisationen bringen ihr Profil auch mit speziellen Angeboten während der nr-Jahreskonferenz ein. Mit anderen Journalistenverbänden gibt es u. a. den Austausch während Konferenzen und Seminaren im Rahmen der **journalistischen Begegnungsindustrie**.

Wo liegen 10 Jahre nach der Gründung die größten Klippen für netzwerk recherche?

Nach 10 Jahren haben wir einen Qualitätsstandard in allen Projekten erreicht, der für eine ehrenamtliche Organisation durchaus beachtlich ist. Diese Standards müssen wir halten und weiterentwickeln. Das ist ein ehrgeiziges Vorhaben, da sich nur wenige Journalisten über einen längeren Zeitraum für ein Projekt – mit allen notwendigen Organisationsaufgaben – verpflichten wollen. **Der zweite Skiurlaub ist offenbar attraktiver als die Organisation einer Fachkonferenz** etwa zum Thema „Gescheiterte Recherchen." Deshalb bleibt das Ziel, möglichst viele motivierte und zuverlässige Projektmitarbeiter zu gewinnen, die *ein* Thema oder *ein* Projekt betreuen. Dass dies immer wieder gelingen kann, beweist unsere Jahreskonferenz. Weit mehr als 100 Helfer und Mitwirkende sorgen für ein einmaliges Wissenvermittlungs-Experiment.

Wo steht netzwerk recherche in 10 Jahren?

Hoffentlich auf dem gleichen qualitativen Niveau wie heute. Als Anreger, Anstifter und Animateur für guten Journalismus. Quer zum Mainstream und zum Herdentrieb der Branche. Immer noch „pain in the ass" für all diejenigen, die Recherche blockieren oder verhindern wollen. Ansonsten gilt der immer noch stimmige Sinnspruch: „Sisyphos war ein glücklicher Mensch."

Antworten von Thomas Leif, 1. Vorsitzender netzwerk recherche e. V.

Wir danken allen Autorinnen und Autoren, Interviewpartnern und Fotografen für die honorarfreie Mitwirkung an der nr-Werkstatt „Getrennte Welten? Journalismus und PR in Deutschland (2011)“.

Steffen Armbruster beendet im Juli 2011 sein Studium der Journalistik, Politikwissenschaft und Philosophie an der Katholischen Universtität Eichstätt-Ingolstadt. Er arbeitet als Redaktionsassistent bei der Deutschen Presse-Agentur in München und engagiert sich für Netzwerk Recherche. Nach dem Studium will er als freier Journalist arbeiten und strebt eine Promotion zum Thema Medien und Gesellschaft an.

Isabelle Buckow arbeitet als freie Journalistin in Hamburg. Sie ist Bachelor-Absolventin der Universität Bielefeld, anschließend absolvierte sie ein Master-Studium am Institut für Journalistik und Kommunikationswissenschaft der Universität Hamburg. Während des Studiums arbeitete sie als Praktikantin und/oder freie Mitarbelterin für verschiedene Lokalzeitungen, Stern View, die Deutsche Presse-Agentur in Hamburg, Stern.de und den Spiegel.

Silke Burmester lebt als freie Journalistin und Dozentin in Hamburg. Sie schreibt über Medien, Gesellschaftspolitik und Kultur unter anderem für Financial Times Deutschland, Stern, Die Zeit und das Magazin der Aktion Mensch. Für die taz hat sie wöchentlich „Das geheime Tagebuch der Carla Bruni“ veröffentlicht, aktuell ist sie als „Kriegsreporterin – Silke Burmester berichtet von der Medienfront“ für das ehemalige Kampfblatt im Einsatz. Um die Arbeit für die ehrwürdigen Blätter gegenzufinanzieren und das Kind zu ernähren, macht sie PR.

Günter Bartsch begann bei der Allgäuer Zeitung und der Augsburger Allgemeinen seine journalistische Laufbahn als Volontär und Redakteur. Studium der Politikwissenschaft an der Universität Augsburg und der Freien Universität Berlin. Seit 2009 Geschäftsführer von netzwerk recherche e.V., parallel freier Autor u.a. mit der wöchentlichen Kolumne „Fundstück" in der Tageszeitung Main-Echo.

Gesine Enwaldt ist freie Autorin und Fernsehjournalistin. Stationen: 1990 M.A. in Germanistik und Geschichte an der Freien Universität Berlin; während des Studiums freie Mitarbeit bei diversen Tageszeitungen und als Regieassistentin für den SFB/FS; 1991 Redakteurin und Reporterin beim Ostdeutschen Rundfunk Brandenburg im Bereich Aktuelles, Magazine und Sonderprojekte; ab 1996 Redakteurin/Reporterin beim Norddeutschen Rundfunk: Panorama/Extra 3/Sondersendungen und ARD aktuell; Studiovertretungen in den ARD-Auslandsstudios Tokio und Washington; ab 1999 ARD-Korrespondentin im ARD-Hauptstadtstudio Berlin; seit März 2002 freie Autorin.

Julia Friedrichs ist seit 2004 freie Autorin von Magazinbeiträgen und Reportagen unter anderem für die WDR-Redaktionen Monitor, Echtzeit und Aktuelle Dokumentation sowie für DIE ZEIT. Seit 2008 arbeitet sie hauptsächlich für „die story", das politische Dokumentationsformat des WDR. 2008 erschien ihr erstes Buch „Gestatten: Elite" beim Verlag Hoffmann und Campe. 2009 folgte „Deutschland dritter Klasse", das sie gemeinsam mit Eva Müller und Boris Baumholt verfasste. Julia Friedrichs studierte Journalistik und Politikwissenschaften in Dortmund und Brüssel und volontierte in den Jahren 2001 und 2002 beim Westdeutschen Rundfunk.

Christian Fuchs ist Reporter in Leipzig. Der Absolvent der Henri-Nannen-Journalistenschule schreibt vor allem für Die Zeit und Süddeutsche Zeitung. Zuvor war er Mitglied der Entwicklungsredaktion von Stefan Austs Woche. Seine Themen sind Medien, Gesellschaft und Wirtschaft – mit dem Schwerpunkt auf Ostdeutschland. Texte von ihm erschienen auch in brand eins, Der Spiegel, Vanity Fair und zwei Büchern, die er als Mitherausgeber und Autor betreut hat. Seine Arbeit wurde mehrfach ausgezeichnet.

David Goeßmann ist freier Journalist in Berlin. Er arbeitet insbesondere für den ARD-Hörfunk. Als investigativer Autor produziert er für den NDR, das ZDF und schreibt für den Journalist. Schwerpunktthemen seiner Arbeit sind Medien, politischer Hintergrund und USA. Von 2005 bis 2007 berichtete er als freier Auslandskorrespondent in Boston/USA für diverse ARD-Anstalten sowie Print- und Onlinemedien. Davor war er vier Jahre lang als Parlamentsreporter und Chef vom Dienst für die Deutsche Fernsehnachrichten Agentur tätig.

Kuno Haberbusch arbeitet beim NDR im Programmbereich Kultur und Dokumentation. Er volontierte nach dem Abitur beim Badischen Tagblatt. Von 1976 bis 1979 studierte er Rechtswissenschaften in Tübingen und Berlin. Zwischen 1979 und 1981 war er Mitarbeiter bei den Kreuzberger Stadtteil-Initiativen und Herausgeber des Süd-Ost-Kuriers. Ab 1981 arbeitete er als freier Mitarbeiter für diverse politische Magazine der ARD, bevor er 1985 bei der NDR-Sendung Panorama zunächst Redakteur wurde und 1997 die Leitung der Panorama- und extra 3-Redaktion übernahm. Haberbusch erhielt im Jahr 2002 den Adolf-Grimme-Preis für die NDR-Produktion „Die Todespiloten“. Von 2004 bis 2009 war Haberbusch Leiter des Medienmagazins Zapp und des Satiremagazins extra 3.

Prof. Dr. Michael Haller lehrte von 1993 bis zu seiner Emeritierung im Herbst 2010 an der Universität Leipzig (Lehrstuhl für Journalistik). Weiterhin ist er wissenschaftlicher Direktor des Instituts für Praktische Journalismusforschung (IPJ). Seine Arbeitsgebiete: Redaktions- und Qualitätsforschung (Schwerpunkt Printjournalismus und Online); Journalismustheorie; journalistische Methoden (Recherche, Darstellungsformen) sowie Medienethik. Er ist Herausgeber der internationalen Fachzeitschrift Message. Zuvor war Haller 25 Jahren als Journalist und Redakteur in leitenden Funktionen bei verschiedenen Pressemedien des deutschen Sprachraums tätig.

Oliver Herrgesell leitet seit Februar 2006 die Kommunikationsabteilung der RTL Group in Luxemburg. Diese Abteilung ist neben der Medienkommunikation auch mit Public Affairs, Marketing, Corporate Social Responsibility und Umweltthemen befasst. Zuvor war Herrgesell sechs Jahre lang stellvertretender Leiter der Unternehmenskommunikation der Bertelsmann AG, verantwortlich für Interne Kommunikation und Pressearbeit. Davor arbeitete er als Journalist für Fernsehsender (ORF, Premiere), Zeitschriften (Wiener, Tempo, Stern) und Zeitungen (Die Woche, Berliner Zeitung).

Werner Hinzpeter ist Redakteur für Sonderaufgaben im Wissenschaftsressort des Stern. Von 2003 bis März 2011 war er stellvertretender Redaktionsleiter der Zeitschrift Stern Gesund Leben. Der Absolvent der Henri-Nannen-Journalistenschule war Gründungsredakteur der Hamburger Stadtzeitschrift hinnerk. Nach Hospitanzen und freier Mitarbeit unter anderem bei der tageszeitung, der Frankfurter Rundschau und dem Spiegel wurde er Wirtschaftsredakteur der Wochenpost in Berlin, 1997 wechselte er zum Stern. Bevor er sich ganz dem Journalismus zuwandte, hat er in Kassel ein Studium der Verwaltungswirtschaft abgeschlossen und einige Semester Jura in Hamburg studiert, war im Landeskirchenamt der Evangelischen Kirche von Kurhessen-Waldeck sowie in der Verwaltung des Universitätsklinikums Hamburg-Eppendorf tätig.

Stephan Holzinger ist geschäftsführender Gesellschafter der Holzinger Associates GmbH in Starnberg, die sich auf die Kommunikationsberatung für Organmitglieder, Family Offices und Konzerne bei Disputen und Rechtsstreitigkeiten spezialisiert hat. Als Gründungsvorsitzender hat er die internationale Crisis & Litigation Communicators' Alliance (CLCA) ins Leben gerufen. Er studierte Verwaltungswissenschaften an den Universitäten Konstanz und Oslo, ist Ko-Autor des vielfach beachteten Buchs „Im Namen der Öffentlichkeit" und fungiert(e) an verschiedenen Universitäten als Lehrbeauftragter/Gastdozent.

Prof. Dr. Klaus Kocks war mehr als zwei Jahrzehnte für die Presse- und Öffentlichkeitsarbeit verschiedener Unternehmen in der Energiewirtschaft und der Automobilindustrie verantwortlich. Kocks ist seit 2002 freier Meinungsforscher und Kommunikationsberater. Er vertritt als Geschäftsführender Gesellschafter die Cato Sozietät für Kommunikationsberatung. Seit 2004 ist er ebenfalls Geschäftsführender Gesellschafter des Vox Populi Meinungsforschungsinstituts und der Cato Corporate Consultants UK. Kommunikationsmanagement lehrt Kocks als Honorarprofessor nach dem niedersächsischen Hochschulgesetz an der Hochschule Osnabrück. Kocks schreibt als Publizist Kolumnen für Tageszeitungen und Magazine und engagiert sich in der Wissenschaftspolitik und Kulturförderung.

Prof. Dr. Thomas Leif, promovierter Politikwissenschaftler, arbeitet seit 1985 beim Südwestrundfunk (SWR) und ist dort Chefreporter Fernsehen und Moderator der politischen Talksendung „2+Leif". Er produzierte zahlreiche politische Dokumentationen und Magazinbeiträge und entwickelte zusammen mit einem Team in den vergangenen Jahren unter anderem das Format der „Presenter-Reportage" für den SWR. 2007 erschien sein Bestseller „Beraten und verkauft: McKinsey & Co. – der große Bluff der Unternehmensberater". Seit August 2009 ist Thomas Leif zudem Honorarprofessor der Universität Koblenz-Landau. Darüber hinaus engagiert sich der Autor zahlreicher Sachbücher auch als Gründer und Vorsitzender ehrenamtlich für netzwerk recherche.

Prof. Dr. Volker Lilienthal ist Inhaber der Rudolf-Augstein-Stiftungsprofessur für Praxis des Qualitätsjournalismus an der Universität Hamburg. Bis zu seiner Berufung im Juli 2009 war er Verantwortlicher Redakteur des Fachdienstes epd medien in Frankfurt am Main. Im Wintersemester 2007/08 hatte er die Rudolf-Augstein-Stiftungsprofessur bereits vertreten. Seit Oktober 2010 ist er als Programmdirektor für das Lehrangebot des deutschsprachigen JKW-Masters verantwortlich. Prof. Lilienthal wirkt in mehreren Jurys von Medienpreisen mit, unter anderem beim Otto Brenner-Preis für Kritischen Journalismus. Außerdem ist er Mitglied des Beirats der Mainzer Tage der Fernsehkritik des ZDF. Für seine Recherchen zum sogenannten Marienhof-Skandal wurde Lilienthal mit zahlreichen Preisen ausgezeichnet.

Dr. Lutz Mükke, Mitherausgeber und leitender Redakteur der internationalen Journalismus-Zeitschrift Message. Wissenschaftlicher Mitarbeiter der Abteilung Journalistik der Universität Leipzig. Seminare unter anderem zu Auslands- und Medienjournalismus, „Dritte Welt"-Berichterstattung, methodischem Recherchieren, narrativem Journalismus, empirischen Methoden der Journalismusforschung, EU-Journalismus. Dissertation zum Thema Auslandsberichterstattung. Reporter in Krisen- und Kriegsgebieten wie DR Kongo, Somalia, Afghanistan, Sudan, Äthiopien und Brüssel. Studium der Journalistik und Afrikanistik an der Universität Leipzig und der Makerere University Kampala/Uganda.

Sandra Müller ist freischaffende Hörfunkjournalistin. Sie arbeitet als Redakteurin, Moderatorin und Reporterin überwiegend für den Südwestrundfunk. Sie ist Mitbegründerin der Initiative FAIR RADIO, die sich für mehr Glaubwürdigkeit im Hörfunk einsetzt. Seit 2009 unterrichtet sie Volontäre an der Evangelischen Medienakademie Düsseldorf. Im UVK-Verlag erschien 2011 ihr Buch „Radio machen". Kontakt: www.radio-machen.de

---

Dennis Reineck, M.A., ist seit Oktober 2009 wissenschaftlicher Mitarbeiter für Methoden am Rudolf-Augstein-Stiftungslehrstuhl. Parallel zu seinem Studium der Publizistik- und Kommunikationswissenschaft in München und Berlin arbeitete Reineck zwischen 2002 und 2008 bei der ProSiebenSat.1 Media AG in der Unternehmenskommunikation und in der Zuschauerforschung. Danach übernahm er zwei Lehraufträge an der FU Berlin und arbeitete dort an Projekten zum Online-Wirtschaftsjournalismus und zur Qualität des Journalismus in der Wirtschaftskrise. Derzeit promoviert er zum Thema „Journalistische Qualität aus Sicht der Mediennutzer".

Thomas Schnedler, Dipl.-Journ., ist wissenschaftlicher Mitarbeiter im Arbeitsbereich der Rudolf-Augstein-Stiftungsprofessur am Institut für Journalistik und Kommunikationswissenschaft der Universität Hamburg. Studium der Diplom-Journalistik an der Universität Dortmund und der Rechtswissenschaft. Volontariat bei der Hessischen/Niedersächsischen Allgemeinen in Kassel. Tätigkeit als freier Journalist in Berlin. 2006 Auszeichnung mit einem Recherche-Stipendium der Otto-Brenner-Stiftung. Von 2006 bis 2009 wissenschaftlicher Mitarbeiter bzw. Lehrbeauftragter am Institut für Journalistik und Kommunikationswissenschaft der Universität Hamburg. Seit 2007 Mitglied im ehrenamtlichen Vorstand der Journalistenvereinigung netzwerk recherche.

Dr. Eva-Maria Schnurr arbeitet seit 2003 als freie Journalistin in Hamburg, unter anderem für Zeit Wissen, Stern Gesund Leben und Spiegel Geschichte. Sie ist Mitbegründerin des Journalistenverbunds Plan 17 und stellvertretende Vorsitzende von Freischreiber e.V., dem Berufsverband freier Journalistinnen und Journalisten. Außerdem unterrichtet sie Journalismus, beispielsweise an der Universität Hamburg und an der Akademie für Publizistik. Ausgebildet wurde sie an der Henri-Nannen-Schule, 2009 promovierte sie über ein Thema zur Mediengeschichte des 16. Jahrhunderts.

Thomas Schuler, Absolvent der Columbia Journalism School in New York, lebt und arbeitet als freier Journalist in München. Er schreibt unter anderem als Autor von Neuer Zürcher Zeitung, SZ, Berliner Zeitung, Spiegel. Schuler ist Dozent an der Deutschen Journalistenschule in München; Mitglied im Vorstand von netzwerk recherche e.V. und Buchautor; Buchveröffentlichungen zu den Vereinten Nationen, zu New York und zu Kuba. Er ist Autor der erfolgreichen Familienbiografien „Die Mohns“ (2004) sowie „Strauß“ (2006) und beschäftigt sich seit vielen Jahren mit dem Medienimperium Bertelsmann.

Jan Spielhagen, ist Chefredakteur von mobil und dem Volkswagen Magazin. Er berichtet an die Geschäftsführung von G+J Corporate Editors. Spielhagen war zuletzt Chefredakteur von Healthy Living und gewann mit dem Lifestyle-Magazin für kochende Männer BEEF! den G+J-Ideenwettbewerb Grüne Wiese. Er ist weiterhin als Chefredakteur von BEEF! tätig. Zuvor arbeitete Spielhagen unter anderem als Textchef und stellvertretender Chefredakteur bei Men´s Health.

Melanie Stanszus ist seit 2009 freie TV-Journalistin, Autorin von Magazinbeiträgen und Rechercheurin für Dokumentationen und Reportagen. Stationen: bis 2006 Diplom-Studium Journalistik in Hannover; freie Mitarbeit Hannoversche Allgemeine Zeitung; 2006-2008 Redakteurin bei avanti media u.a. für die arte-Sendereihe „Durch die Nacht mit..."

Albrecht Ude arbeitet als freier Journalist, Rechercheur und Recherche-Trainer (für Online-Recherche, Quellenprüfung und Kommunikationssicherheit). Ude ist Übersetzer und deutscher Bearbeiter des Text E-Mail Newsletter Standard (TEN Standard) und leitender Redakteur des Newsletter netzwerk recherche. Seine Arbeitschwerpunkte sind strukturierte Internet-Recherchen mit analytischen und forensischen Methoden, Computer Assisted Reporting (CAR) und Quellenprüfung. Arbeitsthemen sind Recherche, Kommunikationssicherheit, Bürgerrechte im digitalen Zeitalter und die Erosion von Rechtsstaat, Demokratie und offener, freier Gesellschaft durch die zunehmende Überwachung.

Prof. Dr. Kurt Weichler ist Professor für Journalismus und Medien sowie Dekan des Fachbereichs Journalismus und Public Relations an der Fachhochschule Gelsenkirchen. Zuvor war er Chefredakteur und Verlagsleiter bei Hamburger Großverlagen. Seine Spezialgebiete sind Corporate Publishing, Printjournalismus, Journalismus als Beruf und Redaktionsmanagement. Er ist Autor von 18 Fachbüchern, darunter die Titel „Redaktionsmanagement", „Handbuch Freie Journalisten" und „Die Kundenzeitschrift" (zusammen mit Stefan Endrös).

Andreas Wolfers ist Leiter der Henri-Nannen-Journalistenschule. Wolfers volontierte beim Flensburger Tageblatt und war Redakteur beim Magazin Yacht, anschließend studierte er Geschichte und Politik in Münster und Hamburg, unterbrochen von zwei Jahren als Korrespondent in Israel. Von 1989 an arbeitete als freier Journalist in Hamburg, von 1993-2003 als Redakteur bei Geo, von 2004-2007 als Textchef beim Stern. Seit vier Jahren leitet er die Henri-Nannen-Schule.

netzwerk recherche

Getrennte Welten?
Journalismus und PR in Deutschland (2011)

Herausgeber: netzwerk recherche e. V.

Mitherausgeber: Thomas Schnedler (verantw.)

redakt. Mitarbeit: Prof. Dr. Thomas Leif
Prof. Dr. Volker Lilienthal

Gestaltungskonzept
& Artwork: Nina Faber de.sign, Wiesbaden

Fotos: Julia Friedrichs, Foto: Gerrit Hahn
Dr. Eva-Maria Schnurr, Foto: Kurt Gärtner
Thomas Schuler, Foto: Susanne Weigand
Jan Spielhagen, Foto: Ralf Gellert

ISBN: 978-3-942891-02-8

Druck: ColorDruck Leimen

info@netzwerkrecherche.de
www.netzwerkrecherche.de

Bereits 2008 hat netzwerk recherche e. V. eine nr-Werkstatt zum Thema Getrennte Welten publiziert. Die hier publizierten Texte können online unter www.netzwerkrecherche.de heruntergeladen werden.

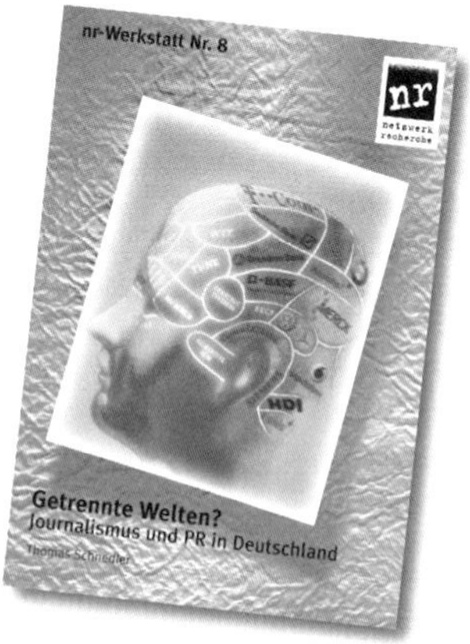

**Sie können die Arbeit von netzwerk recherche e. V. unterstützen:
Spendenkonto: Sparkasse Köln, Konto-Nr. 69863, BLZ 37050299
netzwerk recherche e. V. ist vom Finanzamt Wiesbaden als gemeinnützig anerkannt.**